大相撲行司の松翁と
四本柱の四色

根間弘海

専修大学出版局

本書を妻・尚子へ、感謝を込めて。

まえがき

　本書は大相撲を扱っているが、その中で特に行司、四房（以前の四本柱）の色、水引幕を絞り上げる揚巻、役相撲の褒美などに焦点を絞っている。

　行司の場合、20代木村庄之助に授与された名誉称号の松翁に関わること、7代木村庄之助の行司免許と草履の出現、足袋の出現などを追究している。たとえば、7代木村庄之助の免許状には草履を許可されているが、それは真実を反映しているだろうか。

　四本柱の場合、四色になったのは安政5年1月である。四色の四本柱は昭和27年9月に撤廃され、代わりに四房が吊るされている。安政5年以前の四本柱は基本的に赤色だったが、その赤色の前には四色だったのだろうか。本書では岩井流の相撲でその四色が確認できるとしている。

　揚巻の場合、いつ頃その色が四本柱の色と一致するようになったかを調べ、それは明治23年5月場所であると結論づけている。それ以前も揚巻（絞り房）はあったが、常に吊るされていたわけではないし、色も決まっていなかった。

　役相撲の小結格相撲の場合、その勝者には現在、矢が授与されるが、以前は代わりに扇子が授与されていたことがある。矢が扇子に変わった年月は特定できないが、その扇子を現在の矢に替えたのは昭和27年9月である。

　本書は7章で構成されているが、各章ではそれぞれのテーマを深く掘り下げている。

　第1章は松翁に関するもの。
　第2章は行司免許と草履に関するもの。
　第3章は足袋に関するもの。
　第4章は役相撲の矢と扇子に関するもの。

第5章は揚巻に関するもの。
第6章は四本柱の色と相撲の種類に関するもの。
第7章は安政5年以前の四本柱の色に関するもの。

　各章の概要はこの末尾に「各章の概要」として提示してある。これに目を通せば、どういうことがそれぞれの章で扱われるか見当がつくはずである。それに加えて、「目次」に目を通せば、本書で何が扱われているか、もっと具体的イメージが浮かぶかもしれない。本書は一つのテーマに関する相撲書ではなく、七つのテーマを別々に扱った相撲書である。

　各章は別々のテーマを扱っているので、第1章から順次に読み進める必要はない。関心のあるテーマを扱っている章を見つけ、その章から読み始めるとよい。なぜ各章が別々のテーマを扱っているかと言えば、私がテーマを先に決め、それに絞って論考を執筆したからである。

　論考7篇の中にはすでに専修大学の『専修人文論集』に掲載したものもある。3篇（第1章、第2章、第3章）がそうである。他の4篇は未発表である。論考を執筆しているときは本の形で世に出すことは考えていなかったが、7篇を書き終えた時点から出版のことが浮かんできた。大学の紀要に発表するだけでも満足しているが、このように一つの本としてまとめて出版すると満足度が倍増する。

　原稿の段階では論考のいくつかを大相撲談話会でも発表している。この談話会は毎月一回自宅で開いているが、相撲好きの仲間が集まり相撲の談義をしたり発表をしたりしている。テーマを掲げて発表するのは隔月で、相撲好きの仲間から批評を受けたりしている。この談話会の刺激があって論考を執筆できた。談話会のメンバーに改めて感謝の意を表する。

　談話会のメンバーである多田真行さんには原稿の段階で読んでもらい、貴重なコメントをいただいた。これまでの拙著でも多田さんには随分お世話になっているが、本書でもやはりお願いすることにした。快く引き受けてくれたことに改めて御礼を申し上げたい。また、わが家の息子（尚志）と娘たち（仁美と峰子）にも原稿執筆の段階で資料の細々とした整理などで協力してもらったし、日常生活の中でも相撲関連の話題をけっこう語り

合ってきた。これを機会に感謝の気持ちを伝えておきたい。

　本書の出版に際しては、専修大学出版局の上原伸二局長に出版や編集に関し大変お世話になっている。一つの本として出版するまでにはこまごまとした作業がたくさんある。ここに改めて感謝申し上げる。

【各章の概要】

第1章　大相撲の松翁

　番付の行司欄に「松翁」という文字が記された行司は8代木村庄之助と20代木村庄之助だけである。二人とも現役でその称号を与えられているが、8代木村松翁にはその下位に9代木村庄之助が在位していた。他方、20代木村庄之助の場合はその下位に式守伊之助が在位していた。二人の「松翁」は内容的に同じなのだろうか、それとも異なっていたのだろうか。二人以外に「松翁」を名乗った行司はいるが、その称号は同じ意味合いだったのだろうか、それとも異なっていたのだろうか。本章ではどの行司が「松翁」を名乗ったかなどを調べている。松翁は年寄の別称としても使用されている。

第2章　地位としての草履の出現

　7代木村庄之助は明和8年3月に行司免許状を授与され、それには紅房と草履の使用が許可されている。免許状の文面通りであれば、この木村庄之助は当時から草履を履いていたことになる。しかし、木村庄之助が地位としての草履を許されたのは天明7年12月である。すなわち、それ以前は素足だった。それでは、なぜ免許状には草履のことが書いてあるのだろうか。もしかすると、免許状は事実を反映していないかもしれない。ついでに、寛政3年の上覧相撲で木村庄之助を始め他の行司が帯剣していたかどうかについても補足説明をしている。天保14年の上覧相撲を著した「相撲上覧一件」を紹介し、帯剣していたと結論づけている。

第3章　地位としての足袋の出現

　草履より先に足袋を履く階級があったと思いがちだが、それは事実とは
違う。確かに草履を履くと足袋も履くことができた。すなわち、足袋は草
履に伴う履物だったのである。それでは、足袋だけの履物はいつ出現した
のだろうか。本章では天保2年だとしている。素足を描いた錦絵（文政
10年）と足袋を描いた錦絵（天保4年）を調べると、足袋はそのあいだ
に出現したことになるが、その年月をもう少し絞り込むことはできないだ
ろうか。資料としておもちゃ絵を活用すると、天保2年前後だろうと推測
できた。ところが、本章の公表後、足袋は文政11年4月には出現してい
たとする文字資料が見つかった。そのことも本章の末尾に「追記」として
紹介している。

第4章　役相撲の矢と扇子

　千秋楽の最後の三番は役相撲と呼び、横綱格相撲、関脇格相撲、小結格
相撲の勝者にはそれぞれ弓、弦、矢が授与される。弓と弦は昔から変わっ
ていないが、矢の代わりに扇子が授与されたこともある。本章では小結格
相撲の矢と扇子に焦点を当て、その歴史的経緯を詳しく調べている。弓弦
矢は弓具一式として受け入れやすいが、弓弦扇子は一式としてなんとなく
不自然である。しかし、扇子が矢に変わったのは昭和27年9月である。
それまでは「扇子」が褒美として授与されていた。扇子の前には矢が授与
されていた。吉田司家の資料によれば、矢を授与するようになったのは慶
長年間だという。それ以前はなかったことになる。

第5章　四本柱と揚巻

　四隅の四本柱と中央の揚巻の色が一致するようになったのは、意外にも
明治23年5月場所からである。それまでにも水引幕（幔幕）の中央を絞

り上げる絞り房（揚巻）はあったが、必ずなければならないというものではなかった。揚幕はあってもよいし、なくてもよかった。また、色も一定ではなかった。明治23年5月以降は揚巻を吊るすようになり、その色も右側の柱の色と一致するようになった。しかし、四本柱と揚巻の色が一致しない錦絵もときおり見られる。四本柱は四色なのに、中央の揚巻が赤色になっていることがある。その赤色は右隣りの柱の色と違っている。たとえば、錦絵「国技館大相撲土俵入之図」もその一つである。この色の不一致をどう解釈すればよいだろうか。本章ではそれは事実を正しく反映していないはずだと解釈している。

第6章　四本柱の色と相撲の種類

香山磐根筆「四本柱の色の変遷」（昭和61年11月）では明治24年あたりから明治42年まで四本柱は四色ではなく、赤色か紅白色だったと書いてある。すなわち、四本柱が四色でなかった時期があったとしている。その代わり、紅白色だった。それは本当だろうか。その時期の錦絵資料や文字資料を調べてみると、その指摘は正しくないことがわかった。錦絵は毎年のように描かれているが、四本柱は四色である。また、文字資料も四色だったとしているものがいくつかある。調べた錦絵資料や文字資料は末尾に提示してある。しかし、四色でない四本柱を描いている錦絵も確かに存在する。この色の混在をどう解釈すればよいだろうか。それは「通常の」相撲と「特別な」相撲を区別することで説明している。本場所では四色だったが、「特別な」相撲では赤色や紅白色だった。

第7章　安政5年以前の四本柱の色

四本柱が四色になったのは安政5年1月である。それ以前の柱は基本的に赤色である。例外的には紅白柱もあった。『相撲家伝鈔』（正徳四年）には四本柱は四色であり、それは易に基づいていると書いてある。実際は、当時も四本柱は四色でなかったらしい。四本柱は過去に実施されたことが

ないのだろうか。そういう疑念があったが、実は、実施されていたことがわかった。四色の四本柱を描いた二枚の絵があり、寛永8年10月の日付になっている。この絵図は岩井播磨流の相撲を描いた小冊子に掲載されている。南部相撲は岩井流を受け継いでいることから、当時すでに四本柱は四色だったに違いない。しかし、他の流派でもその当時、四本柱が四色だったかどうかは不明である。

　本書の書名に「四本柱」が使われているが、この本で扱うのは以前の「四本柱」だからである。昭和27年9月以降、その四本柱が撤廃され、その代わりに「四房」が吊るされるようになった。現在の「四房」に合わせるのが事実に合致するが、あえて以前の「四本柱」を使用することにした。
　本書では多くの引用があるが、便宜的に字句を少し変えることもある。その引用箇所をどこかで活用するときは、正確を期すため、必ず原典に立ち返るようお願いしたい。

目　次

第1章　大相撲の松翁　13

第2章　地位としての草履の出現　45

第1章　大相撲の松翁

1. 本章の目的[1]

　本章の目的は8代庄之助以降どの木村庄之助が松翁になったか、その松翁の意味内容はどのように変化したかを調べることである[2]。具体的には、たとえば、次のような点を中心に調べる。

(1)　8代庄之助の松翁は隠居号だったか。番付の松翁も隠居号か。隠居していたときも「年寄木村松翁」を名乗っていたか。それを裏づける証拠はあるか。

(2)　11代庄之助の戒名には、8代庄之助と同じように、「松翁」の文字が含まれている。11代庄之助も引退後、松翁を名乗っていたか。戒名以外にそれを裏づける証拠はあるか。

(3)　13代庄之助は引退後、「年寄木村松翁」となっている。それを裏づける証拠はあるか。現役中は「松翁」を名乗らなかったか。

(4)　14代庄之助は現役中に亡くなっている。現役中、松翁を名乗って

---

1)　本章の準備中、大相撲談話会の相沢亮氏に松翁に関する新聞資料や雑誌資料をいくつか提供してもらった。ときどき談話の中で疑問点なども語り合った。資料の閲覧では相撲博物館にもお世話になった。ここに改めて感謝の意を表しておきたい。

2)　本章では木村庄之助を単に「庄之助」、木村松翁を「松翁」と簡略化することがある。「木村」を略しても誤解を招くことは少ないはずだ。行司界では式守庄之助とか式守松翁という名称はないからである。

いたか。それを裏付ける証拠はあるか。

(5) 15 代庄之助は現役中に亡くなっている。現役中、松翁を名乗って
いたか。それを裏付ける文献はあるか。

(6) 14 代庄之助と 15 代庄之助は襲名と同時に松翁を兼務していたとい
う指摘もある。それを裏付ける証拠はあるか。

(7) 松翁が庄之助の年寄名の別称となったり、隠居行司の制が廃止され
たりしたのは、どの庄之助のときか。

(8) 16 代庄之助は明治 31 年の襲名時、15 代庄之助と同様に、松翁を
名乗れたか。それを裏付ける証拠はあるか。

(9) 16 代庄之助は襲名後の明治 33 年 1 月に松翁を兼務したという指摘
もある。それを裏付ける証拠はあるか。

(10) 20 代庄之助の松翁は名誉号である。これは従来の松翁と概念が大
きく異なる。吉田司家がなぜ従来の「松翁」を名誉号として授与した
のだろうか。

　これまでに、松翁に関し詳しく扱ってある論考としては、池田著『大相
撲ものしり帖』(1990) の「行司・木村松翁とは？」(pp.191-5) がある。[3]
この論考にはどの庄之助が松翁を名乗ったか、またいつ名乗り始めたかに

---

3) たとえば、14 代庄之助は襲名と同時に年寄木村松翁も襲名したとあるが、それ
がどの資料に依拠しているかわからない。また、16 代庄之助が明治 31 年 1 月の
襲名時ではなく、2 年後の 33 年 1 月に年寄木村松翁を兼務したとあるが、その
根拠となる資料名はやはり記されていない。そのような結論になるにはきっと何
かの資料に基づいているはずだが、それがわからないのである。

ついて具体的に記されている。ところが、その結論に至る資料名や文献名が提示されていないため、その真偽を確認できないものがいくつかある。『大相撲ものしり帖』以外にも松翁について記述してある文献はあるが、参考にした文献を提示してあるのは非常に少ない。[4] 松翁のことを深く追求したい人にとって、これは不幸なことである。そういう状況を避けるため、本章では参考にした資料名や文献名はできるだけ詳しく提示してある。

　それでは、これから松翁を名乗った個々の木村庄之助を見ていくことにしよう。

2.　8 代庄之助と松翁

　8 代庄之助は文政 7 年正月場所を最後に引退し、しばらく隠居していた。隠居名は「木村喜左衛門」だった。ところが、天保 6 年正月には土俵に復帰している。隠居行司が土俵に復帰したのは、当時、行司界で人事をめぐりトラブルがあったらしいが、その詳細は必ずしも明らかでない。[5] 復帰後の番付では中央部の上段に一人「喜左衛門再勤　木村庄之助」として記載されている。その状態は 1 年続き、翌年の天保 7 年 2 月には木村庄之助から「木村松翁」に改名している。この番付で初めて松翁という行司名を見るのである。木村松翁は天保 12 年 11 月場所を最後に引退している。その後、3 年ほど隠居生活を送り、天保 15 年 9 月に亡くなっている。

　天保 7 年 2 月から天保 12 年 11 月の番付では、中央部の上段に「木村松翁」

---

4)　たとえば、『相撲大事典』(2002)の項目「木村庄之助」(pp.78-80)と「松翁」(p.147)
　　や『大相撲人物大事典』（2001）の「木村庄之助代々」(pp.686-91)でもどの参
　　考文献に基づいているかはわからない。しかも、記述内容にも『大相撲ものしり帖』
　　と一致しないものがある。これは明らかに参考文献が違うか、同じでも解釈が異
　　なっていることを示している。もちろん、他にも松翁を扱ってあるものはあるが、
　　その扱いは多くの場合、断片的である。
5)　天保 6 年正月から 7 年 2 月の番付を比べてみると、上位行司が揃って消え、ま
　　た元に戻っている。これは人事をめぐって大きな騒動があったことを示唆してい
　　る。しかし、この騒動に関し、番付以外の文書では確認ができない。

として書かれているが、その文字は左側の木村庄之助よりも大きく、肉太である。木村庄之助よりも松翁が上位にあることは確かだが、その松翁という名前は 8 代庄之助の栄誉を讃えるための称号ではない。それは二人の木村庄之助を区別するための名称である。たとえば、大村孝吉筆『大相撲』（昭和 37 年〈1962〉2 月号）の「庄之助の正しい代数」にもそのことは指摘されている。

> 「おそらく天保の庄之助の松翁なる名称は庄之助の隠居名で、番付面に庄之助二人を併記する不都合上生じた尊称と解すべきこと（後略）」
> （p.103）

　天保 7 年 2 月から天保 12 年 11 月の番付に記載されている「松翁」という名称は、8 代庄之助の隠居名を使用したわけでもない。というのは、文政 7 年正月後に引退し、隠居していたときは「木村喜左衛門」だったからである。また、天保 6 年正月に土俵に復帰したときの番付では「喜左衛門再勤　木村庄之助」と記載されている。天保 6 年 10 月場所でも「木村庄之助」の名前である。その翌場所、つまり天保 7 年 2 月に「木村松翁」に改名している。隠居していたときに使用した名称は「木村喜左衛門」だけである。それまでに隠居名「木村松翁」を名乗ったこともないことから、天保 7 年 2 月から天保 12 年 11 月までの「木村松翁」は隠居名でないことになる。天保 12 年 11 月後に引退してからも「木村松翁」を名乗っていたなら、それは隠居名となるので、それ自体は何も問題にならない。しかし、隠居後にも「木村松翁」を名乗っていたのだろうか。それについて調べてみよう。
　8 代木村庄之助の「松翁」について、吉田著『原点に還れ』（平成 22 年〈2010〉）に興味深い記述がある。

(a)「吉田司家がこれまで認めた『松翁』は二人で、最初は天保七（1836）年から同十二年まで二十世追風善左衛門が許した八代目木村庄之助（中略）であるが、『松翁』の承認証が出たのは二十代木村庄之助だけ

である。この『松翁』とは贈られる尊称である」（p.108）

(b)「（前略）庄之助は、隠居して木村喜左衛門と名乗り、天保 6〈1835〉
　　年正月に再勤した。この時は、実子の正助が 10 代目庄之助の時代で、
　　のち天保 7 年から同 12 年まで 21 世追風が許した木村松翁として行
　　司の最高の栄位を飾り、先年の汚名を見事に返上することが出来たの
　　である」（p.191）

　番付に「松翁」という名称を使用することについては、吉田司家と相談
した可能性は高いが、「行司の最高の栄位を飾り」の部分は事実を正しく
反映していないはずだ。まず、8 代木村庄之助の「松翁」という名称の使
用に関しては、吉田司家の許しを受けていたかもしれない。それをうかが
わせる背景があるからである。この木村庄之助は現役中、吉田司家の意に
背く行為を犯している。その行為に対して、吉田司家が怒り、木村庄之助
の行司職を辞めさせようと動いたことがある。しかし、吉田司家は木村庄
之助の権威を考慮し、譴責だけで留めている。これに関連して、吉田著『原
点に還れ』には次のように書いている。

　　「今度の不埒の所業に対しては、相撲行司の免許取り上げのはずのと
　　ころ、家柄に対し、今度は右の処置を差し止めおかれるが、下しおか
　　れた細川家の御紋所だけは召し上げられる」（p.190）

　木村庄之助（8 代）に対する戒告書の写しもその本の中で掲載されてお
り、木村庄之助がトラブルに巻き込まれたことは確かである。その後、木

──────────

6)　松翁が当時、最高の栄誉を讃えるための尊称でなかったことについては、のち
　　に「20 代庄之助と松翁」の項で触れることにする。
7)　この出来事については『原点に還れ』に書かれているが、私はその詳細につい
　　てはあまり理解していない。吉田司家の逆鱗に触れる出来事があり、木村庄之助
　　の職を辞めさせるかどうかを検討している。

村庄之助はこの出来事を深く反省し、吉田司家の意に背かないように心がけていたに違いない。木村庄之助が「松翁」を番付に記載するに際しても、それを使用する許可を吉田司家に打診したに違いない。その許可を得て初めて、番付に記載したと考えるのが自然である。当時は、吉田司家の権威は絶大だったので、行司が異常事態を乗り切るのに吉田司家と相談していたに違いない。

　しかし、当時、松翁という名称に行司の功労に対する称号として意味があったかとなると、それはなかったと答えざるを得ない。のちの 20 代庄之助の名誉号「松翁」のように、8 代庄之助の「松翁」も同じ名誉号だったわけではない。当時の「松翁」はもう一人の木村庄之助と区別するための名称だったに過ぎない。

　8 代庄之助は天保 12 年 11 月後に引退したが、[8] 隠居していても「年寄木村松翁」を号していたという文献もあるし、そうではなく「木村松翁」を号していた文献もある。また、隠居名の有無について何も言及しない文献もある。したがって、隠居名に関しては少なくとも三通りの見方がある。

(1)　隠居名「年寄木村松翁」
　　たとえば、池田著『大相撲ものしり帖』(1990, p.192)。[9]
(2)　隠居名「木村松翁」
　　たとえば、「行司の代々」(『大相撲人物大事典』、p.686)。
(3)　隠居名はなかった。これを明確に唱えた文献はない。

　どちらが正しいかを判断するのは難しい。当時の資料で確認できないか

---

8)　隠居名松翁の有無について言及している文献も多い。本章では松翁を名乗っていたが、「年寄」だったかを問題にしている。

9)　『大相撲ものしり帖』(p.182)には「(天保：本書注) 12 年 11 月かぎりでようやく隠居、年寄木村松翁として 3 年後の弘化元年 (1844) 没 (後略)」(p.192)とあるが、「年寄木村松翁」と名乗ったことを示す文献名が提示されていない。そのため、その真偽がわからない。きっとそれを裏付ける文献はあるに違いない。そういう文献を探し求めているが、今のところ、まだ見つかっていない。

らである。しかし、「年寄木村松翁」が正しいのではないかと推測してい
る。[10] というのは、当時は隠居後も年寄として一定の影響力を保持していた
と推測できるからである。当時は、行司の定年制がなく、引退後も「年寄」
として身分が保証されることがあったようだ。それがのちの「隠居行司の
制」[11] に相当するものかもしれない。そのようなしきたりがあったことを示
唆するする明治 40 年代の新聞記事がある。[12]

・『東京朝日新聞』（明治 43 年 7 月 13 日）の「松翁襲名の内定（木村
　庄之助の引退）」
　「東京角觝の立行司木村庄之助（16 代庄之助：本書注）は先頃来退隠
　の念を抱き、退隠後は先代松翁（15 代庄之助：本書注）の年寄名義
　を継続して年寄の班に入りたしとて協会に向かって内願中なりしこと
　は既記を経たり。そもそもこの松翁というは三代目庄之助が功労によ
　って特に許されたる一代年寄なりしが、のち襲名者ありて永代年寄格
　となりしなり。されどもこの松翁を襲がん者は十分の年功を要するに
　より多くは庄之助にて死亡し、松翁は全く名目のみとなりいたり」

この記事の中のこの「既記を経たり」とは、次の記事を指している。

・『東京朝日新聞』（明治 43 年 5 月 12 日）の「角界雑話」[13]

10)　天保 12 年以降の資料に引退後の木村松翁について何か書かれたものがないか
　　調べたが、それを見つけることができなかった。『当世相撲金剛伝』（天保 15 年）
　　に「木村松翁門人」というのがあるが、それは現役中の名称を指しているはずだ。
11)　8 代庄之助自身も一時隠居名「木村喜左衛門」を名乗り、9 代庄之助は隠居名「木
　　村瀬平」を名乗っていた。9 代庄之助の頃までは、隠居名の名称は定まっていなかっ
　　たらしい。
12)　この「隠居行司の制」については『東京日日新聞』（明治 43 年 7 月 7 日）の「庄
　　之助隠退せん」にも書かれている。それがいつ始まり、いつ終わったかは不明だが、
　　木村庄之助は引退後にも何らかの権限や役割を振るっていたようだ。この権限や
　　役割の詳細はわからない。
13)　16 代庄之助の引退に関することはのちに詳しく言及する。ここでは、一代年寄

19

「木村庄之助（16代：本書注）は近々行司を廃業し、久しく中絶した木村松翁の名跡を襲ぎたいと言っている。この松翁はかつて斯道の功労者として角觝会所より一代年寄を許された者で、その年寄は永遠に伝わらぬことになっているから、現代庄之助がこれを襲げば年寄にはなられぬわけであるが、同人も斯道に精通し、先代高砂に随って艱難せし者ゆえ，特典をもって襲名とともに年寄格をも許してやろうではないかとの議が有力者間にある」

　「隠居行司の制」に相当するしきたりがいつ始まったかははっきりしない。「三代目庄之助」がどの行司を指しているか、不明だからである。「十三代目庄之助」の誤植だとすれば、14代庄之助と15代庄之助は現役で死亡し、永代資格者に相当しない。死亡した二人の庄之助を「多くは庄之助にて死亡し」と表現するのも不自然である。

　それでは、「一代年寄」の始まりは8代庄之助までさかのぼるだろうか。8代庄之助を「三代庄之助」と間違えて表記するのは不自然である。「8代」と「13代」では活躍の時代が離れすぎている。しかも、8代庄之助は現役で「松翁」を名乗っていた。隠居名を「松翁」と名乗っていたとしても、それ以前からその名前で行司を務めている。引退後に「功労によって一代年寄」となり「松翁」を許されたわけではない。

　このように、どの庄之助から「松翁」が引退後に「一代年寄」の称号「松翁」を許されたのかははっきりしない。この記事の「三代庄之助」を13代庄之助の誤植だとすれば、一代年寄の初めは13代庄之助となる。しかし、8代庄之助が引退後も「年寄木村松翁」を名乗っていたとすれば、8代庄之助が初めての「年寄木村松翁」となる。13代庄之助が初めて「一代年寄としての木村松翁」を許されていたとしたら、その後にはそのような庄之助はいないことになる。14代庄之助と15代庄之助はともに現役でなくなっているからである。15代庄之助は現役で年寄としての「松翁」を名乗っているが、それは功労によって許されたわけではない。当時は、現役

　　と松翁の関係だけに触れる。

の木村庄之助の年寄名として「木村松翁」を名乗ることができた。つまり、「木村松翁」は木村庄之助の年寄名の別称だった。

　なお、8 代庄之助の実子・11 代庄之助も引退後に松翁を号していたかもしれない。それを示唆する資料がある。たとえば、玉泉院の過去帳の戒名によると、8 代庄之助は「鷲峰院松翁日住信士」、11 代庄之助の戒名は「本理院松翁日照信士　文久二年十二月六日　（俗籍）松翁」とそれぞれ記載されている（『相撲の史跡（3）』、pp.31-2）。二人の戒名に「松翁」が含まれている。もしその「松翁」が隠居名を継いだのであれば、11 代庄之助も松翁を名乗っていたことになる。それともそれは隠居名の踏襲ではなく、実子であることを意味しているのであろうか。11 代庄之助の戒名で「松翁」が書かれている理由は不明だが、今後その意味を吟味する必要があるかもしれない。

　小池筆『年寄名跡の代々（87）―木村瀬平代々の巻（中）』（『相撲』、1996 年 12 月号、p.157）では、11 代庄之助は 2 代目木村松翁だと指摘しているが、それも戒名に基づくものである。そうなると、11 代庄之助が「松翁」を名乗ったのは、8 代庄之助の隠居名を受け継いだことになる。これが正しければ、8 代庄之助は隠居後も「木村松翁」を名乗っていたことの証拠となる。[14] 現役中の「木村松翁」を受け継いだというより、隠居後の「木村松翁」を受け継いだとするのが自然だからである。今のところ、11 代庄之助の「松翁」は戒名に基づいているが、これ以外にもそれを裏付ける資料が見つかるかもしれない。

　8 代庄之助が松翁だったことは番付で確認できるので、その確認のためだけなら他の資料は要らない。しかし、参考までに、他の文字資料も紹介しておく。それは立川焉馬作『当世相撲金剛伝（東）』（天保 15 年）である。それには木村市之助（のちの 13 代木村庄之助）を「木村松翁門人にて浦

---

[14]　8 代庄之助は玉泉院の過去帳の戒名で「鷲峰院松翁日住居士　弘化元年九月二十一日」と書かれている（『相撲の史跡（3）』、p.31）。この中の「松翁」は隠居名であろうか。もしそうであれば、8 代庄之助は隠居後、その名を号していたことになる。

風林右エ門が取立、幼名幸太郎又小太郎」として紹介している。この「木村松翁」とは、8 代木村庄之助のことである。それが現役中の番付名なのか、それとも隠居名なのかはっきりしないが、前者ではないかと推測している。これは今後吟味する必要があるかもしれない。

3. 13 代庄之助と松翁

13 代庄之助が引退後に「年寄木村松翁」だったことは、たとえば、武生風土記編さん委員会編『武生風土記（続編）』（武生市文化協議会、昭和 54 年）の中で確認できる[15]。

「明治 11 年　木村松翁となり 70 歳余」（p.428）

これは明治 9 年番付表の裏面に書かれていて、その番付と裏面の文字の写真も掲載されている。13 代庄之助は現役を引退した後で、故養父の 8 代木村庄之助の跡を継いで「年寄木村松翁」を許されている。

「（前略）　その後、間もなく、『庄之助』を次代に譲り、亡養父の跡を継いで、年寄木村松翁となった（後略）」（p.418）

この「亡養父の跡を継いで」という表現から判断すれば、8 代庄之助も引退後に「年寄木村松翁」だったに違いない。それが正しい解釈ならば、13 代庄之助は 8 代庄之助に続く二代目の「年寄木村松翁」だということになる。この場合は、11 代庄之助（8 代庄之助の実子）は除外されている。先にも述べたように、この行司が引退後、「年寄木村松翁」だったか、そ

---

15)　福田源三郎（編）『越前人物志（下巻）』（1972、明治 43 年復刻版、pp.155-6）にも同様な記述が見られる。それには「自ら松翁と号し」とあるが（p.156）、『武生風土記（続編）』にあるように「松翁」は当時の協会も認めている。

うでないかは今後、吟味する必要がある[16]。

　13 代庄之助が引退後に「年寄木村庄之助」だったとする文献は他にもある[17]。たとえば、次の文献もそうである。

(1)　池田著『大相撲ものしり帖』（1990、p.193）
(2)　『大相撲人物大事典』（2002、p.79）

　この二つの文献ではそれを裏付ける出典が明記されていない。したがって、先に示した『武生風土記（続編）』と同じ結論であり、引退後に「年寄木村庄之助」を名乗ったことは確かである。13 代庄之助は現役中「木村松翁」を名乗っていないはずだ。というのは、当時、木村庄之助は現役中、年寄「木村庄之助」と年寄名の別称「木村松翁」を兼務できなかったからである。当時は、定年制がなく、引退し、隠居すれば年寄として何らかの権限を与えていた。一定の給金も支給されていたようだ。

　この給金のことを裏付ける記述は、明治 40 年代の新聞記事によく見られる。江戸時代や明治時代では「松翁」の意味内容や制度に違いがあるが、引退後の年寄「木村松翁」は何らかの給金を受けていていた。たとえば、次の二つの記事でもそれは読み取れる。

(1)　『国民新聞』(明治 43 年 5 月 2 日)の「相撲だより―隠退後の庄之助」
　　「(前略) 庄之助 (16 代庄之助：本書注) としては自ら隠退すべきはむしろやむを得ぬことながら、目下協会の規約に年寄は 88 人と頭数

---

16)　11 代庄之助が引退後に「年寄松翁」を名乗らなかったとすれば、13 代庄之助が二代目の松翁となる。しかし、名乗っていたとすれば、三代目となる。どちらが正しいかは二代目庄之助の戒名にある「松翁」が何を意味するかによるであろう。もちろん、当時の資料で 11 代目の庄之助の引退後の様子がわかれば、それは容易に解決できる。本章の執筆段階では、戒名の「松翁」の意味がわかっていないし、当時の資料も持ち合わせていない。

17)　『読売新聞』(明治 35 年 7 月 6 日)の「相撲のいろいろ」にも「13 代庄之助 (後松翁)」とあり、庄之助引退後に「松翁」を名乗ったことが示唆されている。

をかぎり、庄之助も行司のほか年寄としてその中にあり、給金18円の配当をもらって細い烟をあげおる次第なるが、今、庄之助が隠退すれば、彼は協会以外の者となり収入無きに至るべければ、協会も彼の隠退につき種々な考案を廻らし頭たつたる所にては50年余の功労者なれば、情義を重んじて何とか養老の策を与えやるべしとの議論をなすものあるも、過半数は規約をそのままにして適用して、隠退と同時に無関係者とすべしと主張する者あり。庄之助は目下木村家にて廃家となりおる庄翁を復活すべく運動しおるが、多分成立すべし」

(2) 『東京日日新聞』(明治43年7月5日)の「庄之助隠退せん—年寄行司名義を再興す、庄之助は庄三郎がなる」
「東京大相撲立行司木村庄之助氏(16代庄之助：本書注)は何分老年のことゆえ、先頃来退隠の意ありしも、去る31年先代庄之助(15代庄之助：本書注)没後、隠居行司の制を廃して、庄之助・伊之助の名義を一代年寄として勧進元及び大場所の利益配当をなすこととせしため、今日まで勤め来たりしところ、近来殊に足許危うくなりしより、遂に退隠の決心をなし、特別の待遇をもって、旧規定なれば、庄之助の当然継ぐべき庄翁の名を襲うことを希望したり。これに対して協会においては永年の功労とまた無き名行司なれば、今回に限り、これを許可せんとの衆説略一致したるをもって12月大相撲一行の帰京を待ちて、これを決すべく伝えらる。而して庄之助の名は庄三郎が襲うべく、また先ごろ亡くなりし式守伊之助(8代伊之助：本書注)に対しては永浜鬼一郎の年寄行司名を与え、伊之助の名は多分木村進に廻るべしと」

　いずれの記事も、16代庄之助が引退後に経済的に何らかの支援が得られる策を検討している。結果的に16代庄之助の松翁にならなかったが、引退後に「年寄木村松翁」になれば経済的支援が得られたことは間違いない。それは、当然、13代庄之助の時代にも生きていたと判断してよい。引退後の「年寄木村松翁」を認めるのは、当時の相撲協会である。

4.　14 代庄之助と松翁

　池田著『大相撲ものしり帖』(1990 年、p.193) によれば、14 代庄之助は明治 10 年 1 月に庄之助の襲名と同時に木村松翁も兼務している。これは二つのことを指摘している。つまり、一つ、14 代庄之助は木村松翁だった。もう一つは、庄之助の襲名と同時に松翁でもあった。しかし、どちらの場合も、それを裏付ける証拠は提示していない。実は、14 代庄之助が松翁だったことを積極的に否定する文献もない。

　松翁を名乗ったとする文献はいくつかある。そのような文献には、たとえば、次のようなものがある。

(1)　酒井著『日本相撲史 (中)』(p.77)[18]。
(2)　大村・池田筆「(特別レポ) 木村庄之助代々」(『大相撲』昭和 35 年 7 月号、pp.100-1)。
(3)　國立筆「松翁という名について」『大相撲画報』(昭和 36 年 9 月、p.39)[19]。
(4)　小池筆「年寄名跡の代々〈181〉―尾上代々の巻〈3〉」(『相撲』平成 16 年 10 月号、pp.137-8)。

　14 代庄之助が「松翁」だったとする根拠としては、たとえば、『角觝金剛伝』(明治 18 年) の力士「千勝森金之助」を紹介した記述がよく取り

---

18)　これには「14 代庄之助は松翁を号していた」とだけ記してあり、その根拠を何も示していない。したがって、『角觝金剛伝』だけに基づくのか、他にも根拠があるのか、わからない。

19)　筆者名・國立浪史は池田雅雄のペンネームである。したがって、『大相撲ものしり帖』と同一筆者である。「松翁という名について」では「故木村庄之助」を 15 代庄之助ではないとしていることから、文脈から 14 代庄之助を指していると判断してよい。

上げられる[20]。

・千勝森の紹介記事
「下野の国茂木の産にして故木村松翁の門人はじめ境野、今千勝森と
改め、前より取り登る」

國立筆「松翁という名について」『相撲』（昭和36年9月号）では、次
のように述べている。

「二人目の松翁15代庄之助については、最近14代目が松翁で、15代
目でないという異説が出た。その理由は明治18年6月に刊行された
『角觝金剛伝』中、幕下力士の千勝森金之助の略歴に、『......故木村庄
翁の門人......』と記されているためである。14代庄之助は、この金
剛伝が刊行された年の1月限り番付から姿を消し、4月20日に没し
ている。15代目はこの年の5月番付に庄三郎改め庄之助と出ている
から、この庄翁は15代目でないことはたしかである」（p.39）

この記事ではその師匠が14代庄之助だと明確に記していないが、文脈
から判断して師匠は14代庄之助である。14代・15代庄之助の「松翁」
は木村庄之助の年寄名と考えてよいと記してあるからである[21]。すなわち、

---

20)　『角觝金剛伝』（明治18年）以外に、14代庄之助が現役中「松翁」を名乗って
　　いたことを裏付ける証拠があればよいのだが、この原稿の執筆段階ではそのよう
　　な証拠を見ていない。実際、14代庄之助が松翁だったことを認めていない文献も
　　ある。たとえば、『相撲大事典』（p.79／p.147）も14代庄之助の松翁について
　　何も言及していない。書き方から判断するかぎり、14代庄之助の松翁は認めてい
　　ないようだ。もし14代庄之助の松翁を確認できる資料が見つかれば、庄之助の
　　別称「松翁」は裏付けられることになる。しかも、別称が14代庄之助のときに
　　始まったことも確認できることになる。13代庄之助は現役中「松翁」ではなかっ
　　たからである。
21)　これは國立筆「松翁という名について」に「14代、15代庄之助は、一昨年（昭
　　和35年：本書注）まで庄之助が親方名を兼ねていたように、年寄名と解釈する

14 代庄之助は「年寄松翁」であり、千勝森はその門人である。その判断が正しいかどうかは、その松翁がどの庄之助を指しているかによって決まる

「故木村松翁」が 14 代庄之助だと解釈すれば、この行司は現役で「松翁」を名乗っていたことになる。14 代庄之助は明治 17 年 8 月に亡くなり、『角觝金剛伝』は明治 18 年 6 月に出版されている。本の出版は亡くなってから、それほど経過していない。千勝森の直近の師匠が「松翁」だったので、普通なら 14 代庄之助とするのが自然である。しかし、二人とも亡くなっているし、13 代庄之助は引退後に「年寄木村松翁」となっていた。その名称を尊重して 13 代庄之助のことを「故木村松翁」として記したかもしれない。

本章はこの「故木村松翁」が 13 代庄之助を指しているかもしれないことを指摘しておきたい。力士・千勝森は慶応 3 年 11 月に境野として序ノ口に出ているが、その時の師匠は 13 代庄之助だった。13 代庄之助は明治 9 年に 4 月に土俵を退き、12 年に亡くなっている。引退後に「年寄木村松翁」を号している。千勝森は明治 9 年以降に 14 代庄之助の門下に入ったかもしれない。そうなると、千勝森は結果として二人の師匠の門人となったことになる。『角觝金剛伝』が発行されたときは、すでに二人の師匠は亡くなっている。最初の師匠は引退後に「松翁」となっているが、『角觝金剛伝』（明治 18 年 6 月）はその名称を重んじ、それを使用したかもしれない。もしその解釈が成り立つなら、千勝森の師匠は 13 代庄之助となる。つまり、庄之助の年寄名の別称「松翁」もなかったことになる。このような解釈はありえないかどうか、検討してみる必要があるかもしれない。

もし、ここで指摘しているように、「故木村松翁」が 13 代庄之助を指しているとすれば、14 代庄之助が松翁だったことを証明するには、『角觝金剛伝』以外の証拠を提示しなければならない。また、池田著『大相撲ものしり帖』に述べてあるように、14 代庄之助が襲名と同時に松翁を兼務していたということは正しくないことになる。14 代庄之助はもともと松

のが、どうも常識的に考えて穏当であるようだ」（p.39）と書いている。

翁を名乗っていないことになるからである。このような問題が起きるのは、もちろん、14 代庄之助が松翁だったとする証拠が『角觝金剛伝』以外にないからである[22]。これ以外に証拠があれば、この問題は容易に解消する。14 代庄之助は明治 17 年 8 月、現役中に亡くなっているので、もちろん、引退後の隠居名「年寄木村松翁」を名乗っていない。『大相撲ものしり帖』にあるように、庄之助襲名と同時に木村松翁も兼務したのなら、14 代庄之助の襲名時点では隠居名「年寄木村松翁」は廃止されていたことになる。これは次の二つの疑問と関連する。

(1) 「年寄木村松翁」はいつ廃止されたか。
(2) 「木村松翁」は庄之助の年寄名の別称としていつ許されたか。

13 代庄之助は明治 12 年 9 月に亡くなっているので、亡くなるまで松翁を名乗っていたに違いない。14 代庄之助は 13 代庄之助が生存しているあいだ、年寄の別称「松翁」を名乗っていないはずだ。二人の庄之助が同時に「年寄木村松翁」を名乗るのは不自然だからである。つまり、明治 10 年 1 月から 12 年 2 月まで二人の松翁はいなかったはずだ。14 代庄之助が年寄名「松翁」を名乗ったとすれば、明治 12 年 9 月以降ではないだろうか。そうなると、『大相撲ものしり帖』の説は間違っていることになる。この指摘が正しいかどうかはわからない。それを否定する証拠を提示できないからである。問題提起をしながら、それを解決できないのは残念である。『角觝金剛伝』の「故木村庄之助」がどの庄之助を指しているかが必ずしも明確でないし、それ以外に 14 代庄之助が松翁だったことを示す確証がないからである。

14 代庄之助が木村松翁を名乗っていたか、またいつから名乗ったかを

---

22) 14 代庄之助が松翁を名乗っていたことを裏付ける証拠を探しているが、現時点では『角觝金剛伝』以外に見つかっていない。酒井著『日本相撲史』や池田著『大相撲ものしり帖』の記述が別の資料に基づいていれば、そのような資料がどこかにあるかもしれない。

示す証拠は必ずしも明白ではない。14 代庄之助の場合、『角觝金剛伝』以外に確かな証拠が提示できず、本章ではこの二つを間違いない事実として提示できなかった。本章の解釈は間違っているかもしれない。それも含めて、問題の解明には今後の研究を俟つことにする。

5.　15 代庄之助と松翁

　15 代庄之助が現役中に「松翁」だったことを確認できる文書はいくつかある。たとえば、明治 23 年 6 月の「桟敷契約証書」もその一つである。[23] この文書の中で芸名「松翁」が見られる。

・桟敷契約証書の松翁（明治 23 年 6 月）
　　「東京府武蔵国東京市本所元町十六番地平民角觝営業　芸名松翁
　　　東京大角觝協会会員　深山庄三郎　　伍拾年拾箇月　　　　　　　」

　この「芸名」は年寄名のことであり、年寄名として「松翁」を名乗っている。つまり、木村松翁は木村庄之助の年寄名であり、別称である。[24] この文書で 15 代庄之助が現役で年寄名・松翁を名乗っていたことが確認できるだけで、いつからそれを名乗れるようになったかはわからない。実は、これを知るには少なくとも二つのことを検討しなければならない。

（1）　隠居行司の制が廃止されたのは 14 代庄之助のときか、それとも 15

---

23)　この契約書は小池筆「明治 23 年 6 月の年寄連名」（『相撲趣味』第 110 号、平成 5 年 9 月、pp.1-7）でその写しが掲載されている。また、松翁に関する桟敷契約書の一部は國立筆「松翁という名について」（『大相撲画報』、昭和 36 年 9 月号、p39）にも提示されている。

24)　15 代木村庄之助が年寄であることは塩入太輔編『相撲秘鑑』（明治 19 年、pp.27-8）にも書いてあるが、別称「松翁」については何も言及されていない。これは別称としての木村松翁が特別な名称でなかったことを示唆している。

代庄之助のときか。[25)]

（2）　年寄定員が定まった明治 22 年だが、そのときに隠居行司の制は廃
　　　止されたか。

　いずれも隠居行司の制がいつ廃止されたかと密接に関係している。なぜ
なら隠居行司の制を廃止するのに伴い、松翁が庄之助の年寄名の別称とな
っているからである。すなわち、隠居名・年寄木村松翁を廃止する代わりに、
現役の木村庄之助が年寄名・木村松翁も兼務するようになっている。その
変化が 14 代庄之助のときなのか、それとも 15 代庄之助のときなのかと
いうことになる。これまで見てきたように、14 代庄之助のときだとする
文献もあるが、14 代庄之助の松翁を認めないような文献もある。

　隠居行司の廃止に関する資料に関しては、年寄定員が 88 名と定まった
明治 22 年が解明のカギとなる。というのは、そのとき年寄名簿に木村庄
之助だけが記載されているからである。このことは隠居名・年寄木村松翁
は除外されたことを意味する。それでは、明治 22 年になって初めて隠居
名・年寄木村松翁は廃止されたのだろうか。実は、そうではないようである。
というのは、明治 19 年の年寄名簿にも木村庄之助しか記載されていない
からである。つまり、明治 19 年にはすでに隠居名・年寄木村松翁は廃止
されていたに違いない。さらに、あとで見るように、『都新聞』（明治 43
年 4 月 29 日）には明治 18 年に 15 代庄之助は現役のまま年寄にし、松翁
を廃絶したという趣旨の記述がある。[26)] これらの資料を勘案すると、15 代
庄之助が庄之助を襲名した頃に隠居名・年寄木村松翁は廃止されたとする

---

25)　行司に定年制がなかった頃は木村庄之助の地位を他の人に譲っても、隠居して
　　年寄となることができた。これを「隠居行司の制」と呼んでいるはずだ。しかし、
　　現役の年寄と隠居後の年寄が権限や役割でどのように違っていたかははっきりし
　　ない。

26)　『都新聞』（明治 43 年 4 月 29 日）の「松翁とは何か」に 15 代庄之助が明治 18
　　年に松翁を名乗ったという趣旨の記述があるが、他の新聞では隠居行司の制はこ
　　れと異なる年月の記述もある。どの年月が事実に即しているかは必ずしも明白で
　　はない。本章では、明治 18 年が事実を正しく反映しているという立場である。

のが自然である。したがって、隠居名が廃止されたのは 14 代庄之助のと
きではなく、15 代庄之助のときだということになる。この結論が正しい
かどうかは、今後の研究に俟つことにする。

　明治 23 年の「桟敷契約証書」に記されている年寄名「松翁」は、年寄
名簿には記載されていない。明治 19 年 2 月の「角觝仲間申合規則第 12 条」
に示されている年寄名簿には木村松翁という名義はないからである。そ[27]
れには木村庄之助の名義だけがある。また、明治 22 年に改定した「東京
大角力協会申合規約第 47 条」では年寄定員が 88 名に限定されているが、
その中にも木村松翁は記載されていない。つまり、明治 19 年と 22 年の
年寄名簿には木村松翁という名義はないのである。それにもかかわらず、[28]
18 代庄之助は年寄名「松翁」を名乗っている。その当時は松翁が庄之助
の年寄名の別称としてみなされていたからである。

---

27)　特に天保末期から明治 19 年までの年寄名簿で木村庄之助と木村松翁がどのよ
　うに記載されていたのかを見ていないので、別々の名義で書かれていたのか、そ
　うでないのかがわからない。年寄名簿から木村松翁を排除したという表現があり、
　それから判断すると、別々の名義として記載されていたようだ。また、明治末期
　の新聞記事などでは年寄定員 88 名だが、新たに松翁や永浜（伊之助の年寄名）
　を加えて 90 名にするという表現があることから、木村庄之助と木村松翁は別々
　に記載されていたと推測している。ただ、木村松翁は「隠居行司の制」が廃止さ
　れるまでは、隠居した庄之助だけに許された名義だったに違いない。隠居行司の
　制が廃止されたとき、木村庄之助が年寄名として木村松翁を名乗ることができる
　ようになった。つまり、木村松翁が木村庄之助の年寄名の別称になったというの
　は、年寄名簿に松翁の名義が記載されることを意味しているのではなく、伊之助
　の別称として名乗れるということを意味しているに過ぎない。
28)　明治 19 年と 22 年の年寄名簿は、たとえば常陸山著『相撲大鑑』（大正 3 年）
　の第 9 編「相撲協会の組織」（pp.503-23）で見られる。どちらの名簿にも木村松
　翁という名義はなく、木村庄之助の名義となっている。ところが、式守伊之助の
　年寄名は永浜鬼一郎となっている。たとえば、水谷編『最近相撲図解』（大正 7 年）
　の相撲年寄一覧表（pp.155-8）で見るように、年寄永浜名義は大正 7 年あたりま
　でも記載されている。大村筆「行司の系譜―式守家の巻」（『大相撲』、昭和 33 年
　12 月、p.102）に伊之助が勧進元のときは永浜を称していたと書いてある。同様に、
　庄之助も勧進元のときは松翁を称したに違いない。

大村孝吉筆「庄之助の正しい代数（上）」（『大相撲』、昭和37年2月号）に15代庄之助の庄之助と吉田司家の関係が書かれている。

　「吉田家の記録には（15代庄之助に：本書補足）松翁の号を贈るということが書かれているそうだ」（p.103）

　15代庄之助に松翁を贈ったという記録が吉田司家にあるそうだが、そういう記録はないはずだ。これはおそらく、15代庄之助に准紫房を授与したことと混同しているに違いない。白糸が1，2本混じった准紫房を明治23年の九州巡業で吉田司家は15代庄之助に初めて授与している。[29]

　本章では年寄木村松翁の名義を排除したのは遅くとも明治22年だとしている。その年に年寄定員が限定され、木村庄之助が年寄を兼ねることになったからである。実際は、明治19年以前だったかもしれない。明治19年の年寄名義には木村庄之助はあるが、木村松翁はないからである。もともと木村松翁が年寄名簿になかったかもしれない。引退後の「年寄木村松翁」を「年寄」と呼んでいたために、それをあたかも年寄名跡の一員であるかのように誤解していたかもしれない。引退後の「年寄」を現役の「年寄」と異なる名で呼んでいたら、誤解を招くこともなかったはずだ。いずれにしても、明治19年以前に、引退後の「年寄木村松翁」は廃止されていたに違いない。[30]

29）　この准紫房の授与に関しては、たとえば、拙著『大相撲立行司の軍配と空位』（2017）の第1章「紫房の異種」や『大相撲立行司の名跡と総紫房』（2018）の第6章「16代木村庄之助と木村松翁」でも詳しく扱っている。

30）　現役で「松翁」が庄之助の年寄名の別称として使用されていたら、明治23年以前には隠居行司の制は事実上廃止されていたに違いない。そうでなければ、隠居行司の制は明治18年から明治23年の間に廃止されたことになる。『都新聞』（明治43年4月29日）の「松翁とは何か」に書いてあるように、明治18年が事実に即しているかもしれない。それが正しければ、14代庄之助は松翁を名乗っていないことになる。これが事実に即しているかどうかは、もっと吟味しなければならない。

　ところが、隠居行司の制を廃止した年月に関しては、明治 18 年とする
ものと明治 31 年とするものがある。

（1）　『都新聞』（明治 43 年 4 月 29 日）の「松翁とは何か[31]」
　　　「松翁とは、行司木村家の年寄名、長浜は式守家の年寄名にて今より
　　　25 年前薬研堀庄之助が松翁と称し、相撲道の枢機に参与し、なかな
　　　かの識見を有しいたるが、年寄の数 88 人と制限し庄之助、伊之助共
　　　に現役のまま年寄に参入せしため、松翁、長浜の両名家いずれも廃絶
　　　に帰したるが、庄之助（16 代庄之助：本書注）より引退と共に松翁
　　　の再興ありたき旨、申し出でありたるに付き、協会にても同人が多年
　　　の功労に酬いるため、今度いよいよ松翁、長浜を再興して 90 名とな
　　　すこととほぼ決定し、この本場所中に庄之助が松翁を継ぐに至るべし」

　　これによると、年寄定員が 88 名に限定されたとき、庄之助が現役のま
ま「年寄」になっている。同時に、年寄名跡にない松翁も兼務している。
この松翁が庄之助の年寄名の別称である。つまり、松翁という名は年寄名
簿には記載されていないが、年寄名の別称として名乗ることができた。隠
居行司の制も廃止されているので、引退後に「年寄木村松翁」を名乗るこ
とはできない。

（2）　『東京日日新聞』（明治 43 年 7 月 5 日）の「庄之助隠退せん―年
　　　寄行司名義を再興す、庄之助は庄三郎がなる」
　　　「東京大相撲立行司木村庄之助氏（16 代庄之助：本書注）は何分老年
　　　のことゆえ、先頃来退隠の意ありしも、去る 31 年先代庄之助（15 代
　　　庄之助：本章[32]）没後、隠居行司の制を廃して、庄之助・伊之助の名義

---

31)　この新聞記事に年寄定員 88 名に新たに 2 名を加えて 90 名にするという趣旨の
　　記述があるが、これに関しては次の項「16 代庄之助と松翁」で少し詳しく扱う。
32)　15 代庄之助は明治 30 年 9 月に亡くなっているので、記事中の「明治 31 年」は「明
　　治 30 年」の誤植かもしれない。不思議なことに、文献では 15 代庄之助は明治

を一代年寄として勧進元及び大場所の利益配当をなすこととせしため、今日まで勤め来たりしところ、近来殊に足許危うくなりしより、遂に退隠の決心をなし、特別の待遇をもって、旧規定なれば、庄之助の当然継ぐべき庄翁の名を襲うことを希望したり。これに対して協会においては永年の功労とまた無き名行司なれば、今回に限り、これを許可せんとの衆説略一致したるをもって12月大相撲一行の帰京を待ちて、これを決すべく伝えらる。而して庄之助の名は庄三郎が襲うべく、また先ごろ亡くなりし式守伊之助に対しては長浜鬼一郎の年寄行司名を与え、伊之助の名は多分木村進に廻るべしと」

　これによると、明治31年に隠居行司の制は廃止されている。これが正しければ、15代庄之助は現役中年寄松翁を名乗っていないことになる。[33]しかし、明治23年の「桟敷契約証書」のように、15代庄之助は現役中「松翁」を名乗っている。したがって、隠居行司が明治31年」に廃止されたというのは、間違っていることになる。[34]

　松翁という年寄名が年寄名簿にない名称である。次の新聞記事はそれを示唆している。

　　30年に亡くなっているにもかかわらず、文献では明治31年と書かれていることが多い。たとえば、吉田著『原点に還れ』（p.135）や荒木著『相撲道と吉田司家』（p.201）にも明治31年になっている。

33)　本章では『都新聞』（明治43年4月29日）の「松翁とは何か」の記事を正しいものとして採用し、隠居行司の制が廃止されたのは明治18年としているが、それが実際に正しいのかどうかは必ずしも明白ではない。もしそれ以前に廃止されていたなら、14代庄之助のときにさかのぼることもありうる。そういう意味で、この明治18年という暦年の真偽は重要である。14代庄之助が松翁を名乗っていたことが確かであれば、明治18年より以前の暦年が正しいかもしれない。その場合は、本章で述べていることを修正しなければならない。

34)　庄之助が現役中に松翁が名乗れるのは、隠居名・木村松翁の制度が廃止されている前提がある。現役中も隠居後も「年寄木村松翁」を名乗れるとすれば、本章で述べていることは成り立たない。

(1)　『都新聞』（明治 30 年 12 月 23 日）の「襲名の苦情」

　「（前略）松翁の名は庄之助に付属せる年寄の名にして 15 代目も協会より免許されたる名義なれば、他の売買の出来うる年寄株とは性質を異にする（後略）」

(2)　『東京朝日新聞』（明治 30 年 12 月 23 日）の「角界雑狙」

　「（前略）木村庄之助の別号すなわち年寄名なる木村松翁の分は今回の襲名へは譲位せず云々と苦情を持ち出し、ここに端なく一紛擾を生じしところ、協会にてはなお松翁の別号も庄之助に属しおるものと見做して回答に及び（後略）」

　この二つの記事では、15 代庄之助の妻が年寄名「松翁」の権利を譲り渡す代わりにそれ相応の代償を支払うようにという苦情を述べている。これに対し、協会は「年寄松翁」は庄之助に付随するものであると答えている。庄之助であれば松翁も自動的に名乗れるが、地位としての庄之助を辞めればその時点で松翁も名乗れなくなる。しかも、すでに隠居行司の制も廃止されているので、年寄木村庄之助としての特権も消失している。15 代庄之助が「庄之助」を襲名した明治 18 年にはすでにこの特権は消失していたに違いない。

6.　16 代庄之助と松翁

　16 代庄之助は襲名と同時に松翁も兼務していたのか、兼務していなかったのか、はっきりしない。池田著『大相撲ものしり帖』では、「明治 33 年 1 月年寄兼務木村松翁襲名」（p.195）とある。これに関しては、はっきりしないことがある。16 代庄之助が襲名したのは明治 31 年 1 月であり、松翁を兼務したのが明治 33 年 1 月である。この「明治 33 年 1 月」は「明治 31 年 1 月」の誤植ではない[35]。なぜ襲名時ではなく、2 年後に襲名した

---

35)　『大相撲ものしり帖』の記述の仕方から判断する限り、これは誤植ではない。

のだろうか。それについて、『大相撲ものしり帖』には何の根拠も提示していない。何らかの根拠があってそのように書いてあるはずだが、今のところ、それが見つからない。したがって、明治33年1月という年月が正しいのか、そうでないかはわからない。

　16代庄之助は襲名時に松翁を兼務していたと考えることもできる。しかし、それを名乗らなかっただけかもしれない。というのは、15代庄之助は現役中「松翁」を称することができた。年寄名の別称・松翁を廃止するという取り決めがあったかもしれないが、そういう資料を見たことがない。それが正しい見方であれば、16代庄之助は松翁を兼務できたはずである。16代庄之助は松翁を名乗る機会がたまたまなかったので、それを名乗らなかったのではないだろうか。また、そういう機会があったが名乗ることに特別のメリットが得られるわけでもないので、それをあえて名乗らなかったかもしれない。理由が何であれ、16代庄之助は襲名時から松翁を兼務していたはずだ。そういう見方があることを指摘しておきたい。このように、16代庄之助の年寄名の別称・松翁に関しては少なくとも二つの見方があるが、どちらが正しいかの判断は難しい。どちらの見方にしても、その裏付けとなる根拠がないからである。これは今後の研究課題としておきたい。

　16代庄之助と松翁の関係で興味を引くのは、明治40年代になって引退を間近に控え、「年寄木村松翁」の復活を請願していることである。16代庄之助は引退すれば経済的に困窮するからである。以前あった隠居行司の制を復活させれば、何らかの経済的支援が得られる。それに対して、16代庄之助の功労を高く評価し、救いの手を差し伸べる策を練っている。そ

なぜなら14代庄之助と15代庄之助では「同時に」が使われているが、16代庄之助ではそれが使われていないからである。なぜ16代庄之助の場合、明治31年1月から33年1月のあいだ、松翁を兼務していなかったかもわからない。これは不思議である。当時の新聞を見る限り（たとえば、『東京朝日新聞』〈明治30年12月23日〉の「角界雑狙」）、15代庄之助の妻とは明治30年12月までには松翁をめぐるもめ事は解決していた。

の一つとして年寄定員 88 名に新しく 2 名を加え、90 名にする案である。[36)]
この案でいくことに決まりかけていたが、16 代庄之助が明治 45 年 1 月、
急に亡くなったので結果的に実を結ばなかった。[37)]

　隠居行司の制を復活する代わりに、新しく 2 名を年寄名簿に加えようと
している。これは年寄定員が 88 名と限定されていることと隠居行司の制
がすでに廃止されていることと関係している。当時は立行司の定年制はな
いが完全にその職を引退すれば、協会からの給金は打ち切られる。自立し
ていくだけの経済的基盤がなければ、立ちどころに生活が困窮する。16
代庄之助はかなり生活が困窮していた。そのため、すでに廃止されていた
隠居行司の制を復活してほしいと請願したのである。

　16 代庄之助の経済的困窮、年寄定員の 2 名増加、引退の人事などに触
れた新聞記事があるので、その一つを示しておく。

・『読売新聞』（明治 43 年 7 月 8 日）の「庄之助引退せず」
　「立行司木村庄之助は本年夏場所の勧進元を名残りに引退するはずな
　りしも、同人は有名なる貧乏にて、引退すればその日の生活にも困惑
　する始末に、同人の引退は今一場所延期され、来春は庄之助及び伊之
　助（故人）の名義をそのまま番付に載せ、来夏、庄三郎、進が両立行
　司の後を襲うに至るべく、それと同時に 88 人定員の年寄数を 2 名増
　員し、庄之助引退名松翁と伊之助引退名永浜鬼一郎とを再興し、永浜
　は欠員のままに置き、まず庄之助が松翁を襲名すべしと」

　隠居行司の制があった頃、木村庄之助と木村松翁の二人の名義が年寄名
簿に記載されていたのかどうか、必ずしもはっきりしない。明治 40 年代
の新聞記事によると、隠居名の木村松翁をもその名簿に記載されていたも

---

36)　この 2 名は木村家の松翁と式守家の永浜である。本章では説明の便宜上、松翁
　　だけに絞っている。
37)　これに関しては、拙著『大相撲立行司の名跡と総紫房』（2018）の第 6 章「16
　　代木村庄之助と松翁」に詳しく扱っている。

のとして扱っている。これは事実を正しく反映していないはずである。木村庄之助は江戸末期以降ずっと「年寄」であった。隠居名の「年寄木村松翁」は名義上「年寄」であっても、それは年寄名簿の「年寄」としては加えられていなかったのではないか。16 代庄之助が隠居名「年寄木村松翁」を復活してほしいと請願しても、それはその名義を年寄名簿の一員として記載してほしいと言っていたのではないはずだ。木村庄之助は現役の年寄名、隠居名の木村松翁は年寄名簿に記載されない年寄名を念頭に置いていたかもしれない。

　しかし、協会は制度上、隠居名を復活することはできず、それに代わるものとして新しく木村松翁を年寄名義に加えることにしたようである。年寄定員は 88 名なのだから、加えるとすれば例外扱いをしなければならない。立行司の定年制がなかった当時は、隠居行司の制を活用できたが、年寄定員 88 名に限定もされていることから、協会も 16 代庄之助の隠居名・松翁を年寄として復活させるには苦慮したに違いない。いずれにしても、隠居産行司の制があった頃でも、隠居名・松翁は年寄名簿に記載された年寄ではなかった。

7. 20 代庄之助と松翁

　明治 40 年代は、松翁の年寄名義を復活するかどうかをめぐって話題が盛んになったが、結果的にその名義は復活しなかった。また、明治 43 年に木村家と式守家が人事で融合し、式守伊之助と木村庄之助の人事が順送り制になった。たとえば、次の新聞記事では准立行司の木村進が式守伊之助を、また式守伊之助が木村庄之助をそれぞれ襲名しようとしている。

---

38)　幕末から明治 19 年までの年寄名簿をまだ見ていないのではっきりしたことは言えないが、その名簿には木村庄之助と隠居名の木村松翁の二人が別々の名義で記載されていないものと考えている。もし別々の名義で記載されているならば、本章の隠居名の扱いは大きく修正しなければならない。

39)　実際にそれが実施されたのは明治 44 年 5 月場所からである。木村庄三郎（6 代）が式守伊之助（10 代）を襲名し、その式守伊之助が明治 45 年 5 月に木村庄之助（17

・『都新聞』（明治 44 年 1 月 9 日）の「相撲だより〈伊之助の候補者〉」
　「故式守伊之助の候補者に木村進がなるともっぱら評判されたが最近、
　庄之助が松翁を許さるるにしても是非今しばらく土俵を勤めさせたい
　と両横綱から提議があったため、本人も剃髪したに拘わらず、ともか
　くこの場所だけ庄之助名義を持って勤めることになり、したがって庄
　之助の跡取り庄之助は順押しに伊之助が襲名し、進が庄三郎（伊之助
　の地位：本書注）になることに確定した。いずれ本場所打ち上げ後、
　公にせらるるであろう」

　さらに、すでに「隠居行司の制」も廃止になり、「松翁」は庄之助の年
寄名の別称になっていた。もともと「松翁」は木村家の年寄名だったが、
明治末期にはその存続の意義がなくなっている。その結果、17 代庄之助
以降は「松翁」を名乗っていない。[40]
　ところが、昭和 11 年 1 月、吉田司家が 20 代庄之助に松翁という称号
を授与している。これは明らかに、これまでの「松翁」と意味合いが異な
るものである。20 代庄之助は自著『国技勧進相撲』（昭和 17 年〈1942〉）
の中で、「松翁」について次のように書いている。[41]

　代）を襲名した。また、木村進が明治 45 年 5 月に式守伊之助（11 代）を襲名し
　ている。このように、明治 44 年以降、式守伊之助と木村庄之助の襲名が木村姓
　や式守姓に捉われず、席次に基づく順送りとなった。

40)　17 代庄之助以降の庄之助が松翁を名乗らなかった理由は、池田著『大相撲もの
　しり帖』（p.195）にも述べられている。そこでは、行司の部屋所属や庄之助襲名
　と同時に年寄待遇になるので、松翁を名乗らなかったとしている。本章では木村
　家と式守家の独立性がなくなり、立行司の式守庄之助と木村庄之助の襲名が席次
　の順送りになったことが一因としている。

41)　吉田著『原点に還れ』（p.108）にも松翁という尊称を授与するにはさまざまな
　要件を満たさなければならないと書いてある。たとえば、木村庄之助であること、
　行司として技量、見識ともにすぐれ、そして高潔な人格者で衆望があること、50
　年以上行司の道に精進し、相撲界のすべてがそれを認めて推薦し、吉田追風が認
　めることなどとなっている。この著書によれば、その要件を満たすのは 8 代庄之

「松翁の号は必ず相伝するという訳ではありません。即ち、行司として人格技量兼備の名人の尊称として限られた人に贈られるのであります」（p.56）

　これは明らかに、以前の松翁とは意味合いが違う[42]。たとえば、8代庄之助の松翁はもう一人の木村庄之助と区別するための番付名だったし、13代庄之助の「松翁」は引退後に使用したように隠居号だったし、15代庄之助の松翁は木村庄之助の年寄名の別称であった。少なくとも行司としての栄誉を讃えるための尊称ではなかった。

　もう一つ興味を引くのは、松翁は吉田司家が授与する称号ではなかった。吉田司家はそれまでの松翁がどういう意味内容のものであるかを熟知していたはずだが、時代の変化の中で新しい概念を導入し、行司の最高位の上に位置する名誉号としたのである。しかも、引退した後ではなく、現役の木村庄之助に授与している。明治末期から昭和10年までのあいだに松翁の意味内容が変質したことになる。なぜ変質したかは必ずしも明白でないが、一つには時代の流れの中で本来の松翁の概念が薄れたことに依るかもしれないし、松翁を唱えた庄之助が8代、13代、15代庄之助のように長

　助と20代庄之助だけである。本章では20代庄之助以外、尊称としての松翁を名乗った行司は一人もいないとしている。松翁に関する要件が8代庄之助の時代にもあったとするのはかなり疑わしい。『原点に還れ』に述べてある要件が8代庄之助の頃から存在していたとするのも同様に疑わしい。

42)　池田著『大相撲ものしり帖』には「当時は（昭和11年ごろ：本書注）明治における庄之助の年寄名『松翁』の事実を認識せず、初代松翁が番付に名を出した天保の番付を見て、名誉の称号と誤認したようで、本人（20代庄之助：本書注）も名誉号と言っていた」（p.195）。この記述によると、協会が松翁の意味内容を誤解していたようだ。吉田司家はそれが間違いであることを知りながら、松翁の号を20代庄之助に授与したかもしれない。それにしても、協会にしても吉田司家にしても、栄誉を讃えるなら松翁以外の名称を用いてもよかったのではないか。しかし、それは結果が出たのに、それに文句を言っているようなものであり、松翁が名誉号に変わったことを事実として素直に認めるのが賢明である。

期間行司職にあり、比較的有名だったことによるかもしれない。16 代庄
之助の年寄名義・松翁の復活をめぐって、松翁になる庄之助は功労者であ
るという話が相撲界に伝わっていたかもしれない。

　適切な表現ではないが、吉田司家は時代の変化を読み取り、以前あった
「松翁」という称号を授与することで、さらに権威を高めている。実際、
いつの間にか、松翁という称号は吉田司家によって授与されるものとして
理解されている。16 代庄之助以前の松翁は吉田司家とは直接関係なかっ
たはずだ。隠居行司の制として特定の庄之助に年寄としての資格を与える
ことや、庄之助の年寄名の別称「松翁」を唱えることなどは、協会が決め
ることだった。8 代庄之助が松翁という番付名を使用するかどうかに関し
ては、吉田司家と相談したかもしれないが、それは「松翁」という名称の
使用に関するものであり、それ以上のものではなかった。[43]

　20 代庄之助の「松翁」は吉田司家が授与しているが、それを申請した
のは協会である。[44]　その申請を吉田司家が審議し、それを許可している。[45]

---

43)　吉田著『原点に還れ』(p.108) によると、吉田司家は 8 代庄之助のときからずっ
　　と名誉号として授与したことになっているが、それが事実に即していないことは
　　確かだ。8 代庄之助以外にも松翁を名乗った木村庄之助は何人もいる。

44)　『原点に還れ』(p.108) に掲載されている松翁襲名承認願書を見ると、20 代庄
　　之助自身が請願しているが、協会の許しを受けていることは確かだ。というのは、
　　『原点に還れ』(p.107) に「二十三世追風善左衛門は大日本相撲協会から二十代
　　木村庄之助に『松翁』の襲名承認の申請を受けて、昭和拾年六月、承認証を授与
　　したのであった」とあるからである。以前は、行司の地位昇格の場合も行司個人
　　の名前で願書は提出している。このことは、たとえば『相撲』(1953) の「伊之
　　助回顧録 (4) —喜びと悲しみの六十年」(p.106) でも確認できる。

45)　『原点に還れ』(p.108) には、20 代庄之助は松翁になる吉田司家の要件を十分
　　満たしていることが記されている。23 世吉田追風自身も 20 代庄之助について「人
　　格の高潔、動作の俊敏、頭脳明晰の品位、気位を感じていた」そうだ。『原点に還れ』
　　(p.108) によると、吉田追風家が認めた松翁は 8 代庄之助と 20 代庄之助の二人
　　だけである。そうなると、本章で扱った他の木村庄之助は吉田司家が認めていな
　　い松翁だったか、それとも松翁ではなかったことになる。これは明らかに本章の
　　立場と異なる。そもそも 8 代庄之助が松翁として番付に記載されたとき、吉田司
　　家が松翁として認める要件を満たしていたために授与されたものだったかどうか

20 代庄之助の松翁は昭和 11 年 5 月番付に初めて書かれた。もちろん、番付に松翁の文字が初めて書かれたのは、天保 7 年 2 月である。20 代庄之助の番付では「松翁　木村庄之助」となっているが、8 代庄之助の番付では「木村松翁」となっている。この書き方の違いが、8 代庄之助の松翁と20 代庄之助の松翁は意味合いが異なることを示していたのかどうかはわからない。

　20 代木村庄之助以降の木村庄之助にも松翁をめぐる話が文献の中に記されていたり、文字化されていないがうわさとして伝わったりしている。それについては、拙著『詳しくなる大相撲』(2020) の第 4 章の「話題 (14) 番付記載の松翁と木村庄之助」でも少し書いてある。

8. 今後の課題

　本章では確実な証拠に基づかず、間接的な資料から推測していることもある。そのような推測は正しいかもしれないし、そうでないかもしれない。今後、検証する必要がある。本章で言及しながら、確証を提示できなかった問題点をいくつか指摘しておきたい。

(1)　8 代庄之助が初めて松翁を名乗ったとき、吉田司家と相談したことを裏付ける証拠を吉田著『原点に還れ』以外に見つけること。
(2)　8 代庄之助は引退後、隠居号として「年寄木村松翁」を名乗っていたことを示す証拠を玉泉院の過去帳以外に見つけること。
(3)　11 代庄之助が引退後、松翁を名乗っていたかどうかを判断する資料を戒名以外に見つけること。
(4)　14 代庄之助が松翁を名乗っていたかどうかを判断できる証拠を『角觝金剛伝』(明治 18 年) 以外に見つけること。
(5)　隠居行司の制がどの行司から始まったかがわかる証拠を見つけるこ

　　疑わしいし、そういう松翁授与の要件がその当時から存在していたかどうかも疑わしい。

と。つまり、13 代庄之助からか、それとも 8 代庄之助からか。

(6)　松翁が年寄名簿に導入された年月を示す証拠を見つけること。そもそも松翁は年寄名簿に掲載されていたのか、それがわかる資料を見つけること。

(7)　松翁が庄之助の年寄名の別称になったのはどの庄之助のときからか、それは庄之助襲名と同時か、それとも別々か。それを裏付ける証拠を見つけること。

(8)　明治 22 年の年寄定員が 88 名として限定されたとき、それ以前に庄之助とともに松翁も二つの年寄名義として記載されていたか、それが判断できる証拠を見つけること。

(9)　年寄名簿から松翁が除外されたとき、同時に松翁は木村庄之助の年寄名の別称となっただろうか、それが判断できる証拠を見つけること。

(10)『東京日日新聞』(明治 43 年 7 月 5 日)の「庄之助隠退せん」によると、隠居名の松翁が廃止されたのは 15 代庄之助の没後となっている。それが真実かどうかを判断する他の資料を見つけること。

(11) 20 代庄之助の名誉号としての松翁は吉田司家によって授与されている。それは従来の松翁の意味合いと大きく異なる。吉田司家はその違いを知りながら、それを授与しているはずだ。その推測が正しいかどうかを判断できる資料を見つけること。

　もちろん、松翁をめぐっては他にも疑問点を加えることができる。多くの問題点があることを知りながら、本章をまとめたのは松翁について十分な研究がほんのわずかしかなかったからである。現段階では資料不足のこともあり、この程度のまとめしかできなかった。松翁に関する資料は断片的かもしれないが、どこかに静かに眠っているような気がしてならない。この研究が発端となって松翁の研究がさらに進むことを期待している。

第2章　地位としての草履の出現

1. 本章の目的

　本章の目的は地位として草履がいつ現れたかを調べることにあるが、寛政3年と6年の上覧相撲で行司が帯剣していたかどうかについても簡単に触れている[1]。本章では主として次のようなことを指摘している。

(1)　木村庄之助が草履を履くことを許されたのは天明7年12月である。本場所で初めて草履を履いたのは天明8年4月である。7代木村庄之助はそれまで素足だった。

(2)　9代木村庄之助が文政11年9月に幕府に提出した「相撲行司家伝」によると、5代木村庄之助と6代木村庄之助にも行司免許状が授与されている。その免許状には草履を履くことも記述されている。しかし、その免許状は事実を正しく反映していないはずだ。というのは、天明7年12月以前、草履は地位を表す履物ではなかったからである。

(3)　江戸時代には木村庄之助の襲名と同時に草履も許されていなかった。草履は吉田司家から授与されて初めて履くことができた。したがって、木村庄之助の襲名と草履免許の日付は一致しないのが普通だっ

---

1)　地位としての草履を許されたのは木村庄之助なので、本章ではそれがいつ許されたかという出現時期だけに焦点を当てている。草履を許された後、それがどのような変遷を経て現在に至ったかについてはまったく触れない。さらに、木村庄之助以外の草履についてもまったく触れない。

た。

（4）　寛政3年6月に上覧相撲が行われているが、木村庄之助が草履を履いていたかどうかは不明である。文字資料の中には草履の記述を確認[2]できていない。絵図資料では草履を履いているものもあるし、そうでないものもある。今のところ、どれが真実を反映しているか不明である。[3]

（5）　天保14年9月の上覧相撲が記述されている文書の一部を提示し、寛政3年から天保14年までの上覧相撲では行司の帯刀や式服は一定でなかったことを指摘する。たとえば、寛政3年6月と6年5月の[4]上覧相撲では帯刀し侍烏帽子に素袍だったが、文政6年4月の上覧相撲では無剣で麻上下姿であった。

　草履の出現時期については拙著『大相撲行司の伝統と変化』（2010）の第3章「行司と草履」や『大相撲行司の軍配と空位』（2017）の第3章「文字資料と錦絵」などでも扱っているが、本章では以前の論考よりも草履の許可年月を明確にしている。なお、本章で扱う内容は以前の論考と類似しているため、扱う資料が重なり合うことも少なくない。

　本章の末尾では寛政3年6月と寛政6年5月の上覧相撲で行司が帯剣

---

2)　当時、木村庄之助以外の行司には草履は許されていなかったはずだ。式守伊之助に草履が許されていたかどうかは不明だが、許されていない可能性が高い。

3)　上覧相撲を記した文書では吉田追風が草履を履いていたことは記されているが、木村庄之助が草履を履いていたことを確認できる記述は見当たらない。木村庄之助は天明8年以降の本場所では履いていた。本場所で草履を履いていたことから上覧相撲でも履いていたはずだと思いたいが、それを文書では確認できないのである。文書では吉田追風以外の行司の履きものについては何も記述されていない。

4)　寛政3年6月から嘉永2年4月までに上覧相撲は全部で7回開催されている。天保14年9月の文書ではそれまでの6回の上覧相撲についても述べている箇所がある。

していたかどうかに関し、簡単に触れている。以前の論考では木村庄之助の帯剣に関し、それを認めることもあったし、そうでないこともあった。たとえば、拙著『大相撲行司の伝統と変化』(2010) の第 3 章「行司と草履」や『大相撲行司の軍配房と土俵』(2012) の第 2 章「上覧相撲の横綱土俵入りと行司の着用具」では帯剣を認めているが、拙著『大相撲立行司の名跡と総紫房』(2018) の第 8 章「露払いと太刀持ち」ではそれを否定している。[5] これまで私は木村庄之助の帯剣でぐらついていたが、この文書の記述で決着をつけることができたので、あえてここに取り上げることにした。[6]

2.　草履の許可年月

寛政元年 11 月に提出した寺社奉行所宛の文書に草履についての記述がある。

「　　　　　　　　　　　差上申す一札の事

今般吉田善左衛門追風殿より東西谷風、小野川へ横綱伝授被致度、先年木村庄之助、場所上草履相用い候儀、先日吉田善左衛門殿より免許有之、其節場所にて披露仕候例も御座候に付き、此度も同様披露仕度旨（後略）」

（酒井著『日本相撲史（上）』、p.166）

---

5)　行司が帯剣して会場まで行ったことは文献で確認していたが、取組を裁くとき真剣を携帯していなかったのではないかという疑問が頭をかすめていた。上覧相撲を描いている絵図資料でもほとんどが素足で、無剣である。真剣の代わりに木剣だったことを再確認できたのは、天保 14 年 9 月の上覧相撲を記した文書である。寛政 3 年 6 月の上覧相撲を記した文献でも「木剣」のことは確認していたが、結果的にそれを間違って解釈していたことになる。

6)　この文書でも草履に関する記述は見当たらない。したがって、寛政 3 年と 6 年の上覧相撲で木村庄之助が草履を履いていたかどうかは、依然として不明である。

この文書によると、木村庄之助は「先年」草履を履くことが吉田追風より許可されている。谷風と小野川に横綱が伝授されたのは寛政元年11月である。谷風と小野川が横綱を伝授されたときには木村庄之助（7代）にすでに草履を許可されている。それを確認できる資料がある。[7]

「　　　　　　　　　　差上申す一札の事

今般吉田善右衛門追風殿より、東西谷風、小野川へ横綱伝授被致候、先年木村庄之助場所上草履相用い候義先日善左衛門殿より免許有之、その節場所初にて披露仕り候例も御座候に付き、この度も同様披露仕りたく旨、牧野備前守様へもお願申上候処苦しかる間敷仰せ渡され、有難畏り奉り候、尤も横綱伝授の義は吉田善右衛門殿宅に於いて免許致され候儀に御座候、この段伝授牧野備前守様へも御届け申し上げ候、之に依って一札申上候。
　　　　　　　寛政元酉年11月26日　　　　　　　　　　　　　　　以上
　　　　　　　　　　勧進元　　　　浦風林右衛門
　　　　　　　　　　差添　　　　　伊勢の海村右衛門
　　　　　　　　　　行司　　　　　木村庄之助煩雑に付代
　　　　　　　　　　　　　　　　　　音羽山峰右衛門
　　寺社奉行所様　　　　　　　　　」

（枡岡・花坂著『相撲講本』、p.593）

木村庄之助（7代）が行司免許を授与されたことは文政11年に9月に9代木村庄之助が著した「相撲行司家伝」の中で述べられている。その免

7）　この文書は他の文献で見られる。たとえば、酒井著『日本相撲史（上）』（p.166）もその一つである。拙著『大相撲行司の軍配房と土俵』（2012）の第2章「上覧相撲の土俵入りと行司の着用具」には上覧相撲に関する文書資料や絵図資料がたくさん提示されている。なお、引用では字句を少し変えてある。

許状は天明 7 年 12 月の日付であり、房の色や草履のことが記されている。
9 代木村庄之助によれば、免許状の文面は 5 代木村庄之助に寛延 2 年 8
月付で授与されたものと同じだという。

　　　「　　　　　　　　　　免許状

　　無事之唐団扇　幷紅緒　方屋之内　上草履之事　免之候　可有受用候
　　仍免許如件
　　　　　　　　　本朝相撲司御行司
　　　　　　　　　　　16 代　吉田追風　印
　　　　寛延 2 年巳 8 月
　　　　　　江府
　　　　　　木村庄之助どの　　　　　　　」

　　　　　　　　　　　　　　（酒井著『日本相撲史（上）』、p.96）

　つまり、木村庄之助（7 代）が草履を履くことを許可されたのは、天明
7 年 12 月である。このことによってこれまで指摘してきた「先年」が明
確になった。拙著『大相撲行司の軍配と空位』（2017）の第 3 章「文字資
料と錦絵」（p.77）ではその「先年」を「天明 8 年」としている。これは
必ずしも正しい年月ではない。草履を履いた初めての本場所は天明 8 年 4
月（春場所）だが、行司免許の日付は天明 7 年 12 月である。
　横綱土俵入りが本場所で最初に行われたのは寛政元年春場所だが、木村
庄之助（7 代）は天明 8 年の本場所 2 回ともすでに草履を履いていたこと
になる。横綱土俵入りの前に木村庄之助（7 代）には草履を履くことが許
可されていた。木村庄之助（7 代）が草履を履いて務めた本場所は天明 8
年春場所だが、その草履は天明 7 年 12 月に許可されていた。木村庄之助（7
代）が初めて草履を履いた本場所の錦絵もある。[8]

─────────

8)　最近（平成 30 年 2 月）、相撲錦絵の展示場でこの錦絵「土俵入りの図」が展示
　　されていたが、そのキャプションが「天明 2 年から 7 年」となっていた。これは

・幕内土俵入りの図、春好画、天明 8 年 4 月、池田編『相撲百年の歴史』
（昭和 45 年、p.10）。
　木村庄之助は草履である。

　これまでの拙稿では草履を履くようになったのは天明 8 年春場所だと
指摘することが多かったが、「本場所」を強調すればそれは必ずしも間違
いではない。しかし、草履を履くことを許されるようになったのは天明 7
年 12 月なので、それがより正確な年月ということになる。

3. 草履と素足の錦絵

　天明期から寛政期にかけては 7 代木村庄之助を描いている錦絵がいくつ
かあるが、天明 8 年を境にしてそれ以前に書かれたものか、そうでないか
の判断が容易にできる。草履を履いていれば天明 8 年後であり、そうでな
ければ天明 7 年以前である。参考までに、そのいくつかを例示する。[9]

（a）　草履を履いて描かれている錦絵。これらの錦絵は天明 8 年以降に描
　　かれている。

・「横綱授与の図」、春英画、寛政元年 11 月場所 7 日目の図、堺市博
　物館制作『相撲の歴史』（p.35）。

　間違いである。この錦絵では木村庄之助が草履姿で描かれているので、「天明 8
　年春場所」あるいは「天明 8 年春場所以降」とするのが正しい。草履に注目すれば、
　錦絵が天明 8 年以降に描かれたものであることが容易にわかる。
9）　本章では版権を考慮し、相撲錦絵を掲載していない。江戸時代の著作物であれ
　ば版権に触れないが、他の文献に掲載されている場合、それを使用するにはやは
　り制限がある。本章で提示してある錦絵は他の相撲文献で容易に確認できるので、
　少し面倒でもそのような文献で直接触れることを勧める。そのための出典は詳し
　く記されている。

　　これは谷風と小野川に横綱を授与する儀式を描いているが、木村庄之助は土俵上で草履を履いている[10]。

・小野川と龍門の取組、春好画、寛政 2 年 3 月、ビックフォード著『相撲と浮世絵の世界』（p.89）。

　　行司は草履を履いている。行司名は記されていないが、取組の力士から 7 代木村庄之助に違いない。

・雷電と陣幕の取組、春英画、寛政 3 年、酒井著『日本相撲史（上）』（p.173）／堺市博物館制作『相撲の歴史』（1998、p.45）。

　　7 代木村庄之助は草履である。

(b)　草履を履かずに描かれている錦絵。これら錦絵は天明 7 年以前に描かれている。天明期の 7 代木村庄之助は素足である。

・「日本一江都大相撲土俵入後正面之図」、春章画、版元鶴屋、天明 7 年、『江戸相撲錦絵』（p.7）。

　　行司は素足である。行司は背後から描かれているが、土俵入りなので木村庄之助に違いない。

---

10)　「土俵上で谷風、小野川に横綱が授与された後、一人ずつ土俵入りを行った。」（酒井著『日本相撲史（上）』、p.100）。吉田著『原点に還れ』（p.153）では横綱が土俵入りをしているあいだ、露払いと太刀持ちが土俵下で控えていたと著わされているが、これは事実でないかもしれない。それを裏づける証拠はまだ見つかっていない。つまり、太刀持ちだけが控えていたかもしれない。これに関しては、たとえば拙著『大相撲立行司の名跡と総紫房』（2018）の第 8 章「露払いと太刀持ち」でも扱っている。寛政 3 年の上覧相撲では確かに露払いと太刀持ちがともに同伴しているが、本場所ではいつから二人が同伴するようになったかは、今のところ、はっきりしない。寛政 3 年の上覧相撲で同伴者の一人が太刀を携えていたかどうかも不明である。これに関しては、たとえば三木・山田著『相撲大観』（p.354）でも触れている。

・筆ノ海と宮城野の取組、春章画、天明 3 年春場所、ビックフォード著『相撲と浮世絵の世界』（p.24）。

・谷風と小野川立合い、春章画、天明 2 年春場所、堺市博物館制作『相撲の歴史』（1998、p.35）。
　　木村庄之助は素足である。[11]

　天明 8 年 4 月場所を境にして、なぜ 7 代木村庄之助が草履を履くようになったかは不明である。草履が地位を表す履物となっていることから、当時何らかの動きがあったはずだが、それを文献で確認することはできなかった。素足よりは草履が見栄えがいいし、上位行司にふさわしい履物であることは察しがつくが、それだけの理由だったのかどうかはわからない。どのような理由であれ、天明 8 年 4 月場所から草履が地位を表すシンボルと採用されるようになったことは確かである。[12]

4．「相撲行司家伝」の免許状

　9 代木村庄之助が文政 11 年（1828）11 月付で「相撲行司家伝」（別名「木村庄之助の先祖書」）を寺社奉行所に提出している。その中に 5 代木村庄之助から 9 代木村庄之助に次のような文面の行司免許状が授与されていることが記されている。7 代木村庄之助の免許状を先に示したが、他の木村

---

11)　7 代木村庄之助は軍配を左手に持っているが、左利きだったかどうかは不明。左手に軍配を持って描いてある錦絵は非常に少ない。確認できたのは二つだけである。他の錦絵では右手に持っている。左利きだったかもしれないが、軍配は右手に持って裁くように変えたという見方もできる。

12)　本章では天明期以前の 5 代庄之助と 6 代庄之助の履物についてはあまり触れないが、絵図で見るかぎり足袋を履いていることが多い。明和の頃には足袋を履いているが、天明期になると 7 年までは素足になっている。木村庄之助は天明 7 年 12 月に草履を許されている。

庄之助の免許状もその文面は同じである。[13] 繰り返しになるが、その免許状の文面を提示する。

　　　　「　　　　　　　　　　　免許状

　　無事之唐団扇　幷紅緒　方屋之内　上草履之事　免之候　可有受用候
　　仍免許如件
　　　　　　　　　　　　本朝相撲司御行司
　　　　　　　　　　　　　　16 代　吉田追風　印
　　寛延 2 年巳 8 月
　　　江府
　　　　木村庄之助どの　　　　　　」
　　　　　　　　　　　　　　　　　　　（酒井著『日本相撲史（上）』、p.96）

　木村庄之助の免許状の日付と在位期間は次のようになっている。

（1）　5 代木村庄之助
　　　在位期間　　　　　　　（番付表で確認できず）
　　　免許状　　　　　　　　寛延 2 年 8 月

（2）　6 代木村庄之助
　　　在位期間　　　　　　　宝暦 4 年〜明和 7 年 11 月[14]
　　　免許状　　　　　　　　（消失で不明）

---

13)　この免許状は、たとえば吉田著『原点に還れ』（p.134）にも見られる。寛延年
　　中に丸山権太左衛門、伊勢ノ海奥右衛門、木村庄之助（5 代）が吉田司家の故実
　　門人に差し加えられたことが事実なら、木村庄之助に免許状が授与されたことも
　　事実かもしれない。しかし、免許状にあるように、当時は上草履を履いていない
　　ことから、免許状の文面には事実に反することが記述されていたことになる。

14)　在位期間は『大相撲人物大事典』（2001）の「木村庄之助代々」（p.686）に基づく。

（3） 7代木村庄之助
　　在位期間　　　　　　明和 8 年 3 月～寛政 11 年 11 月
　　免許状　　　　　　　天明 7 年 12 月

（4） 8代木村庄之助
　　在位期間　　　　　　寛政 12 年 4 月～文政 7 年正月
　　免許状　　　　　　　寛政 11 年 3 月

（5） 9代木村庄之助
　　在位期間　　　　　　文政 7 年 10 月～天保 5 年 10 月
　　免許状　　　　　　　文政 8 年 3 月

　この免許状の日付と木村庄之助の襲名時期を比較すれば、その日付は異なっている。特に 7 代木村庄之助は襲名してから年月がかなり過ぎてから草履を許されている。草履を許される前は素足だっただろうか、それとも足袋だっただろうか。どうやら足袋だったこともあるし、素足だったこともあるようだ。履物と地位に何らかの関係があったかどうかは不明である。いずれにしても、7 代木村庄之助は天明 7 年 12 月に行司免許を授与され、草履を初めて許されている。

　ここで問題になるのは、5 代木村庄之助と 6 代木村庄之助の履物である。7 代木村庄之助が草履を履くことを許された初めての行司であれば、5 代木村庄之助と 6 代木村庄之助は草履を履いていないはずである。これが事実だとすれば、5 代木村庄之助と 6 代木村庄之助に授与された免許状の「草履」は正しくないことになる。それとも、この指摘は間違っているだろうか。

　本章では、寛政元年の文書「差上申す一礼の事」や天明 8 年を境として草履の有無を確認できる錦絵があることから、本章の指摘に間違いはないという立場である。そうなると、5 代・6 代木村庄之助の免許状にある「上草履」は事実に即していないことになる。5 代・6 代木村庄之助が地位としての草履を履いていたという根拠は「相撲行司家伝」の記述以外に見当たらない。5 代・6 代木村庄之助は草履を履いていなかったので、履いて

いたことを裏付ける資料が見つかるはずはない。言い方を変えれば、「相撲行司家伝」で 5 代・6 代木村庄之助に授与された免許状の「草履」は事実に反するものである。

　天明 7 年以前の錦絵を見ても、7 代木村庄之助は素足である。5 代・6 代木村庄之助も草履を履いていたが、7 代木村庄之助の時代になって一時的に草履から素足に変更されたという解釈があるかもしれない。しかし、それを裏付けとなる資料は見当たらない。そのような変更があったなら、天明 7 年 12 月に提出された文書や寛政元年 12 月に草履が吉田追風から許可されたという文書がすべてウソになってしまう。これらの文書や錦絵などを根拠にすれば、5 代・6 代の行司免許状の「上草履」は事実に反していると判断せざるを得ない。

　では、5 代・6 代の行司免許状の「上草履」はどのように捉えればよいだろうか。おそらく、それは 7 代木村庄之助の免許状に記された文面をそのまま 5 代・6 代の行司免許状にも適用したからではないだろうか。この二人の木村庄之助に行司免許状が授与されたかどうかは不明だが、たとえそれが授与されたと仮定しても、その文面には「上草履」の表現はなかったに違いない。

　9 代木村庄之助によると、少なくとも 6 代木村庄之助の免許状は見ていないという。それは消失しているからである。5 代木村庄之助の免許状をじかに見たかどうかはわからない。5 代木村庄之助には寛延 2 年 8 月に免許状が授与されているので、実際は見ていないのではないかと推測する。単なる推測になるが、当時は足袋や草履は地位を表す履物ではなかったはずだ。履物に関しては、木村喜平次著『相撲家伝鈔』（正徳 4 年、1714）に述べてあるようなことが適用されていたかもしれない。[15]

---

15)　木村喜平次は吉田追風と異なる行司の家である。正徳の頃、吉田追風が履物に関して木村喜平次と異なる見解の持ち主だったどうかはわからない。5 代木村庄之助に授与したとされる免許状に誤って草履の記述があることから、寛延の頃の履物に関しても地位としての草履はなかったはずだ。

・『相撲家伝鈔』（正徳4年〈1714〉）の「草履の事」
「草履は田舎躰にて冬は用いることもあり。御前相撲などには無礼なり。夏は素足で、冬は草履を履かず、足袋ばかりにて致すべし。すべて草履はくことは無作法なり」

　これは正徳期のことを述べているが、明和期の頃までもそれが適用されたかもしれない。天明期以前の履物に関しては資料が乏しく詳しく調べてないので確かなことは言えないが、5代木村庄之助の免許状の「上草履」は事実を正しく反映していないということを指摘しておきたい。
　ちなみに、明和期に描かれた木村庄之助の絵図があり、足袋姿で描かれている。[16]

・酒井著『日本相撲史（上）』（p.95）

　この絵図が示すように、明和期では地位としての草履はまったく確認できない。足袋は絵図などでときおり見られるが、やはり地位としての履きものではなかった。実際、天明7年までの錦絵では木村庄之助（7代）は素足で描かれている。これは明らかに足袋がそれまで地位として確立していなかったことを示している。足袋が地位として確立するようになったのは文政末期か天保初期である。
　天明7年12月に草履が許されたとき、7代木村庄之助は素足からいきなり草履を許されたことになる。すなわち、足袋から草履になったのではなく、素足から草履になったのである。草履を履くことに付随して足袋も履くようになった。これは拙著『大相撲の歴史に見る秘話とその検証』

---

16)　酒井著『日本相撲史』（p.99）に「寛政時代の呼出・行司風俗」とキャプション付きの絵図が掲載されている。行司は素足である。行司名は記されていない。もしその行司が木村庄之助であれば、この絵図は天明7年以前に描かれたものである。つまりキャプションの説明は正しくない。しかし、木村庄之助以外の行司であれば、キャプションは必ずしも間違いではない。なぜなら寛政時代から文政末期までは草履を履かない行司は素足だったからである。

(2013) の第 6 章「足袋行司の出現と定着」で指摘してある。

5.　同じ画題の錦絵

　画題「江都勧進大相撲浮世絵之図」の錦絵がある。谷風と小野川の取組が描かれている。

・「江都勧進大相撲浮絵之図」[17]、春章画、寛政 2 年 3 月、版元鶴屋、ビックフォード著『相撲と浮世絵の世界』(p.89)。
　　　行司は素足である。取り組んでいる力士の顔触れから、裁いている行司は間違いなく木村庄之助（7 代）である。

　興味深いことに、この錦絵の年月は文献によって異なる。

(a)　天明 2 年春場所、『相撲浮世絵』(p.89)。
(b)　天明 4 年 3 月、ビックフォード著『相撲と浮世絵の世界』(p.80)。
(c)　天明 8 年春場所、堺市博物館制作『相撲の歴史』(p.36)。

　これら 3 つの年月のうち、どれが正しいのだろうか。谷風と小野川の取組を描いた錦絵は天明期から寛政初期にかけていくつかあり、力士名、絵師、版元だけではその年月を特定することが難しい[18]。ところが、行司の足

---

17)　この錦絵は天明 8 年の「江都勧進大相撲浮世絵之図」とよく似ているが、行司の位置や力士の顔の位置が違う。複製に近いが、一部改作である。なお、ビックフォード著『相撲と浮世絵の世界』(p.112)に「新版浮絵勧進大相撲之図」(英泉画) が掲載され、キャプションに「文政 9 年（1826）頃」とあるが、裁いている行司は 8 代木村庄之助の肖像画とよく似ている。もしこの判断が正しければ、この錦絵は文政 7 年（1824）以前の取組を描いていることになる。
18)　ビックフォード著『相撲と浮世絵の世界』(p.84)におもちゃ絵「大相撲似顔」が掲載されている。天明 8 年 4 月のキャプションがあり、行司は素足である。力士名を見れば確かに天明 4 年 4 月の番付に合致する。行司名は記されていないが、

元に注目すれば、それが重要な手がかりとなることがある。木村庄之助が本場所で草履を履き始めたのは、天明8年4月である。そうなると、錦絵(c)の年月は正しくないことになる。

　錦絵（a）と（b）では木村庄之助が草履を履いていないことから、天明7年11月以前の取組を描いている。しかし、具体的な年月を指摘するのは難しい。小野川が谷風に勝ったのは天明2年2月場所である[19]。それが話題を呼んで、錦絵にも描かれるようになった。しかも、それ以降、両力士は何度か対戦している。したがって、天明2年2月から天明7年11月までに描かれていることは確かだが、天明2年2月なのか、天明4年3月なのかは特定できない。草履や素足だけでは具体的な年月を特定することはできない。

　ちなみに、画題「江都勧進大相撲浮絵之図」の錦絵には他にもいくつかある[20]。参考までに、その錦絵が確認できる文献を一つずつ示しておく。

（a）　ビックフォード著『相撲と浮世絵の世界』（p.80）、絵図23番。

　　木村庄之助として判断して間違っていないはずだ。両側に谷風と小野川が位置しているからである。この春場所ではすでに木村庄之助は草履を履いている。そうなると、この絵は番付だけに基づいて描いたことになる。本場所を注意深く観戦した後に描いたならば、草履を履いた絵になったかもしれないが、本番前に描いたなら素足で描いても不思議ではない。素足から草履へ変わる過渡期なので、このような誤りが起きたかもしれない。

19)　酒井著『日本相撲史（上）』（pp.146-7）にも両力士の対戦に関する記述がる。それまで谷風は他の力士を寄せつけなかったが、小野川がその谷風に勝利したのである。

20)　この画題とよく似た画題「新版浮絵勧進大相撲之図」（渓斉英画、総州屋版）がある。これは、たとえばビックフォード著『相撲と浮世絵の世界』（絵図23番、p.112）／『江戸相撲錦絵』（p.20）にも掲載されている。取り組んでいる力士は不明だが、行司は9代木村庄之助である。この錦絵の年月に関して『相撲と浮世絵の世界』は文政4年（1826）とし、『江戸相撲錦絵』は文化期としているが、いずれが正しいかはわからない。年月特定のヒントは刻印、版元、絵師などにあるかもしれないが、まだ調べていない。

(b)　ビックフォード著『相撲と浮世絵の世界』（p.80）、絵図 24 番。

(c)　ビックフォード著『相撲と浮世絵の世界』（p.89）、絵図 36 番。

(d)　学研『大相撲』（p.37）。

(e)　柏戸と加治ヶ浜の取組を描いた錦絵（神戸市立博物館所蔵）。[21]

　　　柏戸の最終場所は寛政 3 年 11 月で、加治ヶ浜は寛政 3 年 4 月に梶
　　ヶ浜に改名している。力士名・柏戸と加治ヶ浜を考慮すれば、これは
　　寛政 2 年 11 月の取組を描いている。柏戸は寛政 3 年 11 月に引退し
　　ている。行司は草履を履いている。

　これらの錦絵がどのように異なるかは、絵の細部を注意深く比較すれば
よい。たとえば、力士の取り組み方、行司の位置や姿勢などが異なってい
る。行司が素足であれば天明 7 年以前の錦絵であるし、草履を履いていれ
ば天明 8 年以降の錦絵である。

　古河著『江戸時代大相撲』（p.321）や酒井著『日本相撲史（上）』（p.99）
に呼出しと行司だけの錦絵（春章画）があり、キャプションでは「寛政時
代」となっている。[22] また、土屋著『相撲』（挿絵 21）では「天明年間」と
なっている。どちらのキャプションが正しいだろうか。

　行司は木村庄之助とあるが、足元は素足である。木村庄之助（7 代）が
草履を許されたのは天明 7 年 12 月なので、この絵はそれ以前に描かれた
ことになる。したがって、キャプションとしては「天明時代」とするのが
正しい。このように、木村庄之助の足元が草履なのか、それとも素足なの
かによって錦絵が天明 7 年 12 月以前に描かれたものか、それともその後
に描かれたものか判別できることがある。

---

21)　この錦絵が掲載されている出典はわからないが、たまたまインターネットに掲
　　載されていて、その所蔵先が神戸市立博物館となっていた。現在でもその博物館
　　が所蔵しているかどうかはまだ確認していない。

22)　この錦絵は相撲博物館に所蔵されていて、それを見せてもらった。行司名「木
　　村庄之助」も確認できる。古河著と酒井著に掲載されている錦絵ではこの行司名
　　が不鮮明である。しかし、他の錦絵などを考慮すれば、風貌から木村庄之助（7 代）
　　だと容易に判別できる。

6. 上覧相撲の草履

　寛政3年（1891）6月から嘉永2年（1849）までに上覧相撲は6回開催されている。式守蝸牛著『相撲穏雲解』の挿絵を見ると、寛政3年6月の上覧相撲では木村庄之助は素足である。吉田追風が草履を履いていたことは上覧相撲の模様を表している文献で確認できるが、木村庄之助の履物は確認できない。履物に関する記述が見当たらないのである。[24]

　天明8年2月以降の本場所なら木村庄之助は草履を履いているので、上覧相撲が本場所と変わりないのであれば草履を履いていたはずである。しかし、上覧相撲は特別な催しであることから、履物に何らかの制限があったかもしれない。その制限がどのようなものだったのかがはっきりしないのである。

　寛政3年（1791）の上覧相撲の取組を描いた錦絵がいくつかある。たとえば、堺市博物館制作『相撲の歴史』（p.40）にもその一つがあり、錦絵の解説によれば、これは上覧相撲を大名邸の相撲場に置き換えて描いている。その置き換えが問題である。たとえば、上覧相撲の模様を描いてい

23）　式守著『相撲穏雲解』（寛政5年）に描かれている挿絵は行司の装束、帯剣の有無、履物などを正しく描いてあるかどうかを吟味する必要がある。天保14年の上覧相撲を著した文書の信ぴょう性が高いからである。さらに付け加えると、寛政3年と6年の上覧相撲を著した吉田司家の文書でも行司の式服や帯剣のことが細かく記されているが、それは『相撲穏雲解』の挿絵とはかなり異なっている。私は現在、天保14年の上覧相撲について記述してある文書が真実に近いと考えている。

24）　寛政3年の上覧相撲を著した文献はいくつかある。残念ながら、木村庄之助が草履だったのか、素足だったのかを確認できなかった。草履の行司を描いた錦絵はあるが、上覧相撲を本場所になぞらえているため、正確さに欠けている。たとえば、本場所と上覧相撲では行司装束に違いがあったことは文献で確認できるが、錦絵は本場所の装束をそのまま描いている。上覧相撲では侍烏帽子に素襖だったが、錦絵では裃装束で烏帽子をかぶっていない。錦絵では木村庄之助は草履を履いて描かれていることが多いが、式守著『相撲穏雲解』の絵図では素足である。

る錦絵に木村庄之助の草履姿が描いてあっても、それが事実だったかどうかがわからないのである。上覧相撲を描いている絵図では素足で描いてあるものもある。そうなると、絵図を全面的に信頼できなくなる。今のところ、上覧相撲で木村庄之助が草履を履いていたのか、それとも素足だったのか、まだはっきりしない。どちらかが真実に違いないのは確かなので、ゆるぎない証拠が一つでも見つかれば、木村庄之助の足元は必ず決着するはずだ。

7.　上覧相撲の行司の帯剣

　上覧相撲の帯剣の有無や式服について触れている文書がある[25]。寛政 3 年6 月や 6 年 5 月の上覧相撲だけでなく、天保 14 年 9 月の上覧相撲にも言及していて、帯剣だけでも変化していることがわかる。すなわち、上覧相撲によって帯剣することもあれば、そうでないこともある[26]。行司の式服や帯刀も行司免許と関係があったらしい。すなわち、行司免許を受けている行司とそうでない行司は式服の着用で区別があったようだ。そのようなことがこの文書には書かれている[27]。

　この文書は「相撲上覧一件」（天保 14 卯年 9 月 28 日の記）にもあり、古河著『江戸時代の大相撲』（pp. 350-1）に引用されている。古河著ではルビがあり、読みやすいように工夫もされている。

25）　この文書は残念なことに、木村庄之助だけでなく他の行司の足元について言及していない。これをここで掲載するのは、上覧相撲で木村庄之助が帯剣して取組を裁いていたかどうかに関し、決着をつけることができるからである。

26）　「帯剣」といっても、上覧相撲では「木剣」のことを指しているはず。6 回の上覧相撲で行司が真剣を携帯して取組を裁いたことがあるかどうかは不明だが、おそらく携帯できなかったはずだ。ここではもちろん、嘉永 2 年 4 月の上覧相撲は入っていない。

27）　この文書に述べてあることが真実であれば、寛政 3 年と 6 年の上覧相撲では木村庄之助だけでなく、他の行司もすべて帯剣していたことになる。この文書は上覧相撲を扱った相撲の本、たとえば舛岡・花坂著『相撲講本』（復刻版、pp.634-6）にも見られる。

「　　　上覧之節、相撲行司、式服相用度旨申立候儀に付相伺候書付

此度相撲上覧之節、関相撲両人之内、不知火諾右衛門儀は細川越中守御家来吉田善左衛門事追風と申者より横綱之免許請、土俵入之節は褌の上へ注連縄を掛罷出候積に有之、去、文政六未年相撲上覧之節は横綱之者無之候付、行司之者麻上下着用無剣に而罷出候へども、去寅年〔文政 13 年：補足〕上覧の節は横綱之者両人有之、其節先格取調候処、寛政度〔寛政 3 年と寛政 6 年：補足〕上覧之節は横綱之者両人罷出、右追風は立烏帽子狩衣服、行司都而素袍帯剣にて罷出候間、右寅年〔文政 13 年：補足〕も免許受候行司五人は、素袍にて罷出候様仕度旨、相撲年寄ども申立、且追風は国元に罷出候へども相撲式之儀は同家来之内、引請罷在候者も有之、聊<ruby>差障<rt>いささか</rt></ruby>無之候旨、<ruby>彌<rt>いよいよ</rt></ruby>右装束相用候様相成候はば、烏帽子素袍は越中守より可貸渡旨申聞、帯剣之儀相尋候処、右は木剣相用候旨申立候間、其節小笠原相模守殿に相伺候処、伺之通被仰渡候、然る所前書横綱之者両人家業相済、當時〔天保 14 年：補足〕外に横綱一人有之、此度〔天保 14 年：補足〕之儀も免許受候行司五人有之候間、前書之通素袍に而罷出候様仕度旨、相撲年寄共申立候付、先格之通右之服木剣とも相用候様申可付候哉、此段相伺申候、以上。
　　卯〔天保 14 年：補足〕九月　　　　　　　　　阿部遠江守
相撲上覧之節、行司式服相用候儀伺之通可被相心得候事。　　　　　」

これは簡単にまとめると、次のようになる。[28]

(a)　寛政 3 亥年 6 月と寛政 6 寅年 5 月
　　横綱は 2 名いた。行司はすべて素袍で帯剣した。この帯剣が真剣なのか、木剣なのか必ずしも明白でないが、他の文献で「木剣」である

---

28)　享和 2 戌年 12 月にも上覧相撲が行われているが、その時の式服などは文政 6 年 4 月の場合と同じだったに違いない。横綱が不在だったからである。

ことが確認できる。[29)]

(b)　文政 6 羊年 4 月

　　横綱は不在だった。行司はすべて麻上下で無剣である。

(c)　文政 13 寅年 3 月

　　横綱は 2 名いた。免許行司の 5 名は素袍で木剣である。他の行司
の式服は不明。

(d)　天保 14 卯年 9 月

　　横綱は 1 名である。免許行司の 5 名は素袍で木剣である。[30)]他の行
司の式服は不明。

　横綱の有無によって行司の帯剣の有無が決まっているが、なぜなのかは
わからない。上覧相撲によって行司は帯剣したりしなかったりしている。
また、免許を受けた行司は素袍で帯剣しているが、そうでない行司は麻上
下だったようだ。行司の式服が横綱の有無や行司免許によって決まってい
るが、それは必ずしも一貫していない。というのは、寛政 3 年と 6 年で
はすべての行司が素袍で帯剣しているが、文政 14 年と天保 14 年では行
司免許を受けた者だけが素袍で帯剣している。

　いずれにしても、寛政 3 年と 6 月には行司は素袍で帯剣していたこと
がこの文書で再確認できた。この上覧相撲を描いている絵図では、多くの
場合、行司は無剣で描かれているが、絵図は事実を正しく描いていないこ
とがはっきりした。それに、上覧相撲では木剣であれば帯剣が許されるこ
ともわかった。私は文献で帯剣が許されていたことは認識していたが、絵
図と矛盾することから、あえてその帯剣を認めなかった。この文書が真実
を表しているなら、文献の帯剣も真実である。逆に、絵図は真実を描いて

---

29)　文書「上覧行事の式」では「行司 14 人素袍にて侍烏帽子木剣を帯し、（後略）」
　　とある。この文書は、たとえば古河著『江戸時代の大相撲』(p.229) でも見るこ
　　とができる。将軍の目の前で行司が真剣を携帯することは許されなかったはずだ。

30)　当時の 12 代木村庄之助は、実際は、この上覧相撲に出場していない。病気だっ
　　た（『大相撲人物大事典』、p.688）。

いなかったことになる。それにしても、絵図ではなぜ無剣で描かれているのか不思議である。

8. 今後の課題

　木村庄之助が最初に地位としての草履を授与されたのは、天明7年12月である。また、本場所で初めて草履を履いたのは、天明8年春場所である。天明期には草履を履いた錦絵とそうでない錦絵が描かれているが、天明7年12月を境にしてその区別をすることができる。木村庄之助が素足であれば、天明7年以前に描かれたものであるし、草履であればそれ以降に描かれたものである。もちろん、具体的な年月を確定するには、草履だけでなく他の要素も考慮しなければならない。

　寛政3年から天保14年までに上覧相撲が6回開催されているが、少なくとも寛政3年6月と寛政6年5月の上覧相撲では木村庄之助の足元を確認できる記述が見つからない。錦絵では草履が描かれているものもあるが、その錦絵はほとんどの場合、上覧相撲が開催された土俵そのものではなく、大名屋敷の土俵であったり本場所の土俵に似せてあったりしている。そのため、その信ぴょう性に疑いが生じてしまう。草履に関して言えば、上覧相撲を描いていると称される錦絵は必ずしも信頼できるものではない。

　今後は本章で述べていることが真実をあるかどうかを一つ一つ論証することである。たとえば、「相撲行司家伝」の5代・6代木村庄之助に授与されたとする行司免許状の文面に「上草履」が記されていたかどうかを吟味する必要がある。本章ではそれを否定しているが、それは正しい判断だろうか。もしそれが正しければ、「相撲行司家伝」の行司免許状そのものが真実でない可能性がある。逆に、本章の指摘が間違っていれば、本章で論証したことそのものも間違っていたことになる。どちらに軍配が上げるかは、今後吟味する必要がある。

　本章の草履と直接関係ないが、天保14年9月の上覧相撲に関する一つの文書を本章の末尾に提示してある。これは古河著『江戸時代の大相撲』

に提示されているものの引用である。帯剣や式服について述べており、文書の内容が真実であれば上覧相撲の帯剣や式服のことなどに明確な答えが出る。しかも、上覧相撲によって帯剣や式服にも変化があったことがわかる。そういう意味で、この文書の真実性を今後は吟味しなければならない。[31]

　帯剣や式服だけでなく、その変化が横綱の有無と密接な関係にあることも指摘されている。それが真実であるかどうかもやはり吟味する必要がある。

　本章では、草履が初めて許された年月の確定に焦点を当てているので、草履のその後の進展については全く触れていない。天明 7 年 12 月から現在までの草履の経過に関心があれば、それはやはり別の関心事なので、改めて調べなければならない。

---

31)　上覧相撲で行司の帯剣があったとしても、その帯剣は行司全員に許されたのか、誰が許可したのかは不明である。大名抱えの行司であれば、剣の種類は別として、帯剣ができたかもしれないが、行司がすべて大名抱えではなかったはずである。行司の帯剣に関し、吉田司家にその権限があったかどうかも不明である。行司の免許状には草履や軍配房の色に関する表現はあるが、帯剣についての言及はない。誰かの許可なくして、行司の帯剣はできないはずなので、その権限が誰にあったかはやはり調べる必要がある。

第3章　地位としての足袋の出現

1.　本章の目的

　足袋の出現については拙著『大相撲の歴史に見る秘話とその検証』(2013) の第6章「足袋行司の出現と定着」でも詳しく扱っている[1]。出版後も足袋の出現時期に関しては継続して調べていたが、それを以前よりも少し絞り込むことができた。以前はまったく考慮しなかったおもちゃ絵を新しい資料として加えたために、以前あいまいだったことがかなり鮮明になってきた。本章は内容的に以前の拙稿とあまり変わらないが、新しい視点を提供することができるようになった。それを本章で提示し、次のことを指摘したい[2]。

(1)　以前の拙稿では、足袋が現れたのは文政7年から天保4年のあいだであると指摘した。本章では、それを文政末期か天保初期とし、もっと具体的には天保2年だと推測する。そのために、本章では新たに根拠となる資料をいくつか提示する。

(2)　草履が地位として現れたのは天明7年12月である。草履を許された行司は木村庄之助(7代)である。そのとき行司は足袋も履いている。しかし、その時の足袋は草履に付随した履物である。すなわち、草履

---

1)　拙著では第6章となっているが、これは『専修人文論集』第92号 (2013) に「足袋行司の出現と定着」(pp.165-96) として発表している。

2)　この項では相撲関連の本に掲載れている錦絵を活用しているが、相撲博物館でも所蔵している錦絵をたくさん見せてもらった。ここに改めて感謝の意を表しておきたい。博物館所蔵の錦絵や絵図は一定の手続きを踏めば、許可を得て見ることができる。

を履くことに伴い、足袋を履くことが許されていた。

(3)　草履を履く前の行司は素足だった。足袋だけの行司は当時いなかっ
た。[3]草履以外の行司はすべて素足だった。したがって、草履を許され
た行司は素足からいきなり草履を履いたことになる。

(4)　本章では、錦絵に加えて、新たに「おもちゃ絵」も活用している。
おもちゃ絵は確かに緻密な描写が少なく、信頼性に欠けるきらいがあ
る。しかし、足元だけに焦点を当ててみると、意外と信頼性が高いこ
とがわかる。錦絵は入手できる数が極めて少ないが、おもちゃ絵は幾
分多い。おもちゃ絵は錦絵で得られないことを補足してくれるのであ
る。本章ではおもちゃ絵も見方によって有益な資料となることを指摘
する。

　本章は以前の研究と内容が同じなので、活用する資料の中には重複する
ものもある。錦絵に関して言えば、新しい資料はほんのわずかしか見つか
っていないが、おもちゃ絵は新しい資料としてたくさん参考にしている。[4]

2. 草履と足袋

　草履が初めて木村庄之助（7代）に授与されたのは天明7年12月であ
る。[5]免許状には草履のことしか書かれていないが、実は草履を許されると、

---

3)　天明期以前には足袋だけの行司も見られるが、その足袋は地位としての履物で
はなかったようだ。天明8年春場所に初めて草履が許されたが、それ以前は素足
である。草履に関しては、たとえば『専修人文論集』第103号の拙稿「地位とし
ての草履の出現」でも扱っている。

4)　おもちゃ絵の中には描かれた年代の特定が難しいものがある。そのような絵は
本稿では基本的に取り上げていない。おもちゃ絵を見る目をもっと磨けば、本稿
で割愛した他のおもちゃ絵が貴重な資料になったかもしれない。

5)　7代木村庄之助に授与された行司免許状は9代木村庄之助が幕府に提出した文

足袋も付随して履くことができた。それは当時の錦絵で確認できる。[6]

(a) 素足の錦絵
・天明 6 年 3 月、谷風と鬼面山の取組、春章画、ビックフォード著『相撲と浮世絵の世界』(p.25)。
　　木村庄之助（7 代）は素足で描かれている。

・天明 6 年 11 月の錦絵「日本一江都大相撲土俵入後正面之図」、ビックフォード著『相撲と浮世絵の世界』(p.26)。
　　木村庄之助（7 代）は素足である。足の指がはっきり確認できる。行司名は記されていないが、土俵入りを引いているところから木村庄之助と判断できる。

　天明期の錦絵は当時の相撲を扱っている本では数多く見られる。[7] 天明 7 年までの錦絵であれば、木村庄之助は素足である。

(b)　草履の錦絵
・天明 8 年 4 月、幕内土俵入りの図、春好画、池田編『相撲百年の歴史』(p.10)。
　　7 代木村庄之助は草履で描かれているが、足袋も履いている。

書「相撲行司家伝」に記されている。この「相撲行司家伝」は天明期の相撲に触れた本で見ることができる。
6)　草履を履くとそれに付随して足袋も履いた。それを確認できる文書資料の一つには酒井著『日本相撲史（上）』(p.216) がある。拙著『大相撲の歴史に見る秘話とその検証』(2013) の第 6 章「足袋行司の出現と定着」でも触れている。
7)　天明期以前の履物が行司の地位によって一定の決まりがあったかどうかは不明である。天明 7 年以前までは素足、足袋、草履のいずれも見られる。たとえば、明和期の木村庄之助は足袋を履いているし、天明期の 7 代木村庄之助は素足である（ともに酒井著『日本相撲史(上)』、p.99／p.95）。7 代木村庄之助の絵図では、キャプションに「寛政時代」となっているが、「天明期」とするのが正しい。なぜなら、天明 7 年 12 月以降、7 代木村庄之助は草履を履いているからである。

7代木村庄之助は行司免許を授与される前、足袋を履いていなかった。すなわち、素足からいきなり草履を履いたのである。草履を履くときはそれに付随して足袋も履くことが当時のしきたりだったらしい。それで、行司免許状にも草履のことは書いてあるが、足袋のことは書いてない。しかも、草履が許されるまで、行司はすべて素足だった。現在の行司は素足、足袋、草履という順序で進むので、それを天明期にそのまま適用すると、思わぬ誤解を招く恐れがある。

　天明7年12月以降、木村庄之助が草履を履いた錦絵はたくさん描かれている。もちろん、同時に足袋も描かれている。本章では、足袋が独立した履物となった時期に関心があるので、寛政期以降の木村庄之助が草履を履いて描かれている錦絵はほとんど取り上げない[8]。本章の焦点は、足袋がいつごろ独立した履物となったかであり、それを解明する手掛かりとして素足や草履に触れているにすぎない。

3. 草履格以外の行司は素足だった

　木村庄之助以外の行司の履物がどうだったかを確認できる錦絵は非常に少ない。地位によって履物が違っていたのかどうかもはっきりしない。しかし、錦絵を参照すると、草履格以外の行司は素足だったようだ。たとえば、木村庄太郎の足元がわかる錦絵がいくつかある。

（a）　文化13年（1816）2月の錦絵、玉垣（大関）と雲草山（小結）の取組、
　　　春亭画、『相撲浮世絵』（p.86）／相撲博物館蔵。
　　　行司は木村庄太郎（第4席）で、素足である。玉垣は越ノ海から改
　　　名している。

　8）　寛政以降でも木村庄之助は昇進と同時に草履を許されているわけではない。た
　　　とえば、11代・13代木村庄之助は襲名当時、足袋だけを履いている。それは、
　　　たとえば、学研『大相撲』（p.75 / pp.122-3）の錦絵で確認できる。

(b)　文政 6 年（1823）10 月の錦絵、小柳と四賀峯の取組、春亭画、『江
　　 戸相撲錦絵』（pp.30-1）／相撲博物館蔵。
　　　行司は木村庄太郎（第 3 席）で、素足である。

(c)　文政 10 年（1827）3 月、阿武松と四賀峯の取組、春亭画、相撲博
　　 物館蔵。
　　　行司は木村庄之助（9 代）で、草履を履いている。阿武松は小柳か
　　 ら改名している。
　　　この錦絵は文政 6 年の錦絵と図柄は同じである。行司名が木村庄太
　　 郎から木村庄之助に変わり、足元が素足から草履になり、画面の力士
　　 名が変わっているだけである。

　木村庄太郎はかなり上位の行司（第 4 席と第 3 席）であり、現在の視
点からすると足袋か草履を履いていてもおかしくない。しかし、この行司
は文政 6 年まで素足である。このような上位にいる行司が素足だったこと
から、それより下位の行司も素足だったことは間違いない。
　この木村庄太郎は文政 8 年 3 月に行司免許状を授与されている。これ
はこの行司が文政 11 年に幕府に提出した「相撲行司家伝」で確認できる。
つまり、文政 8 年までこの木村庄太郎は素足だった。文政 6 年から 8 年
のあいだに素足から足袋に変わっていたかもしれないという疑念が出ない
ともかぎらないが、そのような変化はまずありえないとするのが自然であ
る。他の資料などから見ても、地位としての足袋が現れたのは文政末期か
天保 4 年だからである。
　木村庄太郎（5 代）と木村庄之助（9 代）は同一人物であり、足元が素
足からいきなり草履に変化しているし、第 4 席と第 3 席にあっても素足
だったことから、少なくとも文政 8 年までは草履格以外の行司はすべて素
足だったことを確認できたことになる。以前の研究では文政 6 年の錦絵
にも触れているが、文政 8 年の行司免許状と文政 10 年の錦絵までは思い
が至らなかった。特に行司免許状の授与された年月に留意していたならば、

足袋が現れたのは文政 8 年から天保 4 年のあいだと期間を限定することもできたはずである。

　文化 6 年 9 月には木村庄太郎(第 4 席)の上位にいた木村鬼一郎(第 3 席)にも草履が許されている。これは吉田編『ちから草』(p.26)で確認できる。おそらくその上位の式守与太夫（第 2 席）にも許されていたに違いない。二人とも草履を許される前は素足だったに違いない。

　なお、学研『大相撲』(pp.52-3)に四賀峯と源氏山の取組を描いた錦絵（英泉補画）が掲載され、キャプションに「文政 8、9 年頃と推定される」と書いてある。行司は木村庄之助（9 代）で、草履を履いている。土俵の周囲に千年川や四ツ車が控えているので、この錦絵は文政 8 年に描かれているに違いない。四ツ車は文政 8 年正月場所に東関に改名し、千年川は文政 8 年 10 月場所に鉄生山に改名している。文政 8 年のどの場所を描いているかは特定が難しい。9 代木村庄之助は文政 8 年 3 月に草履を許されているので、免許の通りであれば正月場所ということはない。正月場所を題材に描いたのであれば、10 月場所前に描かれているかもしれない。いずれにしても、改名した力士を考慮すれば、文政 8 年に描かれているはずだ。

4. 足袋姿の錦絵

　以前の研究では足袋が独立した地位として出現したのは文政 7 年から天保 4 年までのあいだであると指摘している。素足が確認できる錦絵が文政 6 年であり、足袋が初めて確認できる錦絵が天保 4 年だったからである。先に述べたように、文政 8 年 3 月に 9 代木村庄之助に行司免許状が許されているので、文政 8 年まで素足だったことがわかった。次に示す錦絵で、足袋は初めて確認できる。

・天保 4 年（1833）2 月、越ケ濱と追手風の取組、五渡亭画、『相撲絵展』
　（p.16）。
　　行司は木村正蔵で、足袋を履いている。

この錦絵がいつ描かれたかに関しては必ずしもはっきりしていないが、先回の研究では天保4年としている。その理由は以前の拙稿に述べてある[9]。

5. おもちゃ絵と行司の履物

これまでの研究では足袋の出現時期を文政8年から天保4年のあいだとしていた。その期間は約9年もある。もう少しその期間を狭めるような資料がないかを調べていたが、錦絵は新しいものが一つしか見つからないし[10]、文字資料はどこにその記述があるのか見当もつかなかった。そういう状況で浮かんできたのが、おもちゃ絵だった[11]。この絵図は錦絵ほどの精密さがないので、信頼性が乏しくなる。しかし、足元だけに限定すれば、錦絵とあまり変わらない。素足、足袋、草履のうち、いずれで描いてあるかは容易に判別できるからである。おもちゃ絵で難しいのは、それが真実を正しく反映しているかどうかである。

　文化期から天保初期までに描かれた「おもちゃ絵」に目を向けると、参考になりそうなものがいくつかある[12]。そのおもちゃ絵を参考にすれば、足袋の出現時期をもっと絞り込むことができるかもしれない。結論を先取り

---

9)　錦絵で描かれている取組は人々の関心を引いた後で描かれるのが普通である。ただどの本場所だったかを判断するのが難しい。その判断によって錦絵の描かれた年月も異なることがある。

10)　新しく見つかった錦絵は先に提示した「阿武松と四賀峯の取組」（春亭画、文政10年〈1827〉3月）である。この錦絵では木村庄之助（9代）は草履を履いている。

11)　本稿では本格的な錦絵でない絵図を一括して「おもちゃ絵」としている。おもちゃ絵と言っても描き方が丁寧で、描写の仕方がしっかりしたものもある。このような絵図を「おもちゃ絵」として括ることには抵抗感があるが、本格的な図柄の錦絵と区別してあえて「おもちゃ絵」としてある。

12)　錦絵だけでなく、おもちゃ絵に関しても相撲博物館にお世話になった。ここに改めて感謝の意を記しておきたい。所蔵権の問題があるかもしれないので、博物館の所蔵である錦絵やおもちゃ絵は本稿では掲載していない。

すれば、足袋は天保2年に現れたと特定できる。正確を期すのであれば、文政末期か天保初期としたほうが無難だが、あえて具体的な暦年を特定しておきたい。その暦年が本当に正しいかどうかは、今後の研究にゆだねることにする。

ここでは、参考にしたおもちゃ絵をいくつか示す。[13]

（1）　文化7年10月のおもちゃ絵、長秀画、寺町二條柏宗版[14]、相撲博物館所蔵。

　　　行司は素足で描かれている。

この絵図を文化7年10月としたのは、力士の顔ぶれから判断した。8代木村庄之助はすでに草履を許されていたので、素足で描かれている行司は木村庄之助ではない[15]。描かれた行司の地位は不明だが、当時、行司の足元は素足としてみなされていたに違いない。絵図では東西の力士が入れ違いになっている。すなわち、雷電は西方力士だが、東方力士として描かれている。

（2）　文政初期、おもちゃ絵「新版大角力」、春亭画、西村版、学研『大相撲』（p.183）。

このおもちゃ絵は力士の顔ぶれから文政2年3月から文政3年10月のあいだに描かれたものと推測できる。行司が素足なのか足袋なのか必ずしも明白でないが、素足だと判断した。絵師の春亭が描いた文政6年（1823）

13）　他にもその描かれた年代を絞り込めないおもちゃ絵がいくつかある。これらの絵は足袋の出現時期を特定するのに参考にならないため、本稿では扱わないことにした。

14）　このおもちゃ絵は相撲博物館所蔵のもので、小さな長方形の紙切れのようなものである。相撲関連の本にそれが掲載されているかどうかはわからない。

15）　当時の木村庄之助（8代）は寛政11年3月に行司免許を授与されている。すなわち、草履格の行司である。

10 月の錦絵「小柳と四賀峯の取組」があるし、木村庄太郎が素足で描かれている錦絵もある。錦絵とおもちゃ絵を混同するのはよくないという見方もあるが、当時の行司は草履格以外、すべて素足だったに違いない。

　このおもちゃ絵の源氏山は文政 2 年 3 月に縄張から改名している。また有馬山も小野川から改名している。文政 4 年 2 月場所では錦木が宮城野に改名し、千田川は休場している。玉垣は文政 4 年 10 月場所を休場している。このような力士の顔ぶれを考慮すれば、このおもちゃ絵は文政 2 年 3 月から文政 3 年 10 月のあいだのものと判断できる。文政元年 10 月に宮城野が錦木に改名したが、その場所ではまだ縄張と小野川は改名していない。

(3)　文政 13 年（1830）3 月、おもちゃ絵「大新版角力三十二附」、絵師
　　記載なし、くさぐさのや蔵、個人所蔵。本章末尾に資料（1）として
　　提示してある。
　　行司名は記載されていないが、素足である。

　この絵図の力士を番付で調べると、文政 13 年 3 月の番付とほぼ一致する[16]。したがって、その年月に描かれたものとして判断してよい。行司の足元は素足である。行司の隣に描かれている呼出しは明らかに足袋姿である。当時、木村庄之助（9 代）は草履だった。絵図では草履格の木村庄之助ではなく、他の行司が素足で描かれている。このことは文政 13 年当時、草履格行司を除いて素足だったものと解釈してよい。それが正しければ、文政 13 年までは足袋はまだ現れなかったものと判断できる。

　文政 8 年以降天保 4 年まで足袋姿の錦絵を確認できていないことから、

---

16)　この場所、柏戸は外濱から改名している。御所傳も立田川に改名しているが、どういうわけか御所傳となっている。このような問題は少し見られるが、全体としては文政 13 年の番付と一致する。文政 13 年 11 月にも本場所があり、12 月に天保に改元している。天保元年は 12 月だけである。したがって、天保元年には本場所はなかった。

本章ではこれまで足袋はそのあいだに現れたに違いないとしてきたが、これからはこの期間を改めることにする。このおもちゃ絵で確認したように、素足は文政13年まで続いていることから、足袋は天保時代に入ってから現れるようになったとあえて指摘しておく。これは大胆な指摘であり、間違っているかもしれない。この指摘が正しいか否かは今後の研究に俟ちたいが、これを支持するかもしれないおもちゃ絵をもう一つ提示する。

(4) 天保2年（1831）、おもちゃ絵「新撰角力徒久し」、廣重画、ビックフォード著『相撲と浮世絵の世界』（p.35）／個人所蔵。本章末尾に資料（2）として提示してある。

　興味深いことに、この絵図では一人の行司は素足、もう一人の行司は足袋姿で描かれている。足袋姿の場合、足首の上部に横線があり、親指に薄い線がなく、残りの足指が一つにまとまっている。これは足袋姿の典型的な描き方である。足袋姿と素足行司がそれぞれ描かれていることから、天保2年当時にはすでに足袋が出現していたことがわかる。すなわち、天保2年には足袋行司と素足行司の区別があった。文政13年3月のおもちゃ絵「大新版角力三十二附」では行司は素足だったことから、天保2年を境にして足袋行司は出現したことになる。

　この廣重画のおもちゃ絵は背景が黄色で、素足行司の房色が朱で描かれている。房色の観点でもこのおもちゃ絵は興味を引く。というのは、当時は現在と異なり、上位行司だけでなく下位行司も朱房を使用していたかもしれないからである。その辺の事情は不明だが、天保2年当時、紅白房や青白房はまだ現れていなかったかもしれない。[17] この絵図で描かれた朱房が

---

17) 朱房や紅白房だけでなく、黒房も天保以降に現れたかもしれない。黒房は房色として最下位なので、行司の階級が房色で表されるようになったときからずっと使用されていたと思っていた。このことは拙著『大相撲行司の房色と賞罰』(2016)の第2章「軍配の房色」でも触れている。しかし、この考えは間違った思い込みだったかもしれない。黒房が最下位の房色としていつ現れたかは改めて調べる必要がある。

事実を正しく描いているのであれば、素足行司でもその房色を使用していたことになる。この朱房と行司の地位については、今後詳しく調べる必要がある。素足行司が朱房で描かれているので、当時の房色と行司の地位がどうなっていたかは気になる。そのことを指摘しておきたい。

ビックフォード著『相撲と浮世絵の世界』（p.35）によると、この絵図は「文政 12 年（1829）頃」となっているが、天保 2 年（1831）以降とするのが正しいようだ。内田著『廣重』（昭和 7 年／昭和 53 年（復刻版）、pp.210-1）に「廣重」落款の変遷が示されているが、おもちゃ絵の落款は天保 2 年のものと一致する。おもちゃ絵の落款は明らかに天保 2 年以前の落款と異なる。この絵図は本章末尾に資料（3）として提示してある。

文政 13 年（1830）3 月のおもちゃ絵には行司は素足だが、天保 2 年（1831）のおもちゃ絵では足袋姿になっている。この相違から、足袋は天保 2 年に出現したと判断できる。文政末期から地位としての足袋について討議していたかもしれないが、具体的に出現したのは天保 2 年である。そのためには、少なくとも次の前提が正しくなければならない。

(1)　廣重のおもちゃ絵は天保 2 年に描かれている。

(2)　おもちゃ絵「大新版角力三十二附」は文政 13 年に描かれている。

(3)　二つのおもちゃ絵は足元に関するかぎり真実を描いている。二つのおもちゃ絵は「新撰角力徒久し」（廣重画、天保 2 年〈1831〉）と「大新版角力三十二附」（絵師不明、文政 13 年〈1830〉3 月）である。

(4)　錦絵「四賀峯と小柳」（文政 6 年 10 月）では木村庄太郎は素足だが、

---

18)　当時でも、木村庄之助は紫白房を許されていた。これ以外の行司は地位によって房色が区別されていたかどうかははっきりしない。廣重画のおもちゃ絵では素足行司が朱房で描かれているので、当時はまだ地位による房色の区別がなかったかもしれない。

19)　ビックフォードが何を根拠に「文政 12 年」としたかはわからない。その根拠を示していないからである。内田著『廣重』は昭和 7 年に出版されているので、ビックフォードはその本を見ていた可能性がある。落款以外に「文政 12 年」と判断する根拠があったかもしれないが、それがわからないのである。

それは事実を正しく描いている。

　このように、おもちゃ絵をいくつか参照すると、文政 13 年（1830）までは地位としての足袋姿はなかったと言ってよい。もしこれらの絵図がまったく頼りにならない資料であれば、それに基づく判断もまったく頼りないことになる。実際、文化期から天保期までも木村庄之助や式守伊之助は草履を履くのが普通だったのに、不思議なことに、おもちゃ絵図では草履姿の行司がほとんど描かれていない。それがなぜなのかは、今のところ不明である。明確に指摘できることは、おもちゃ絵で行司が描かれる場合、足元は素足か足袋だということである。

　天保期に入って、足袋を確認できる資料は天保 4 年 2 月の錦絵である。天保 2 年と 3 年の錦絵はまだ見つかっていない。[20] 本章で天保 4 年だと指摘した錦絵は、もしかすると、天保 2, 3 年のものかもしれない。実際はどうなのか、今後の研究に俟つことにする。この錦絵以外に、文政末期から天保初期に描かれた錦絵が今後見つからないとも限らない。もし見つかれば、足袋の出現時期はもっと明確に特定できるはずだ。それまでは、文明末期と天保初期のおもちゃ絵を根拠にして足袋の出現を天保 2 年としておきたい。繰り返すが、この指摘が正しいかどうかは、今後の研究にゆだねることにする。

　天保 4 年以降であれば、足袋姿を確認できる資料はたくさんある。たとえば、天保時代の『相撲櫓太鼓』（立川序文・歌川国貞画、天保 15 年）には草履や素足のほかに、足袋姿の行司が何人も掲載されている。[21]

---

20)　天保元年（1830）に改元したのは文政 13 年（1830）12 月中なので、相撲の足袋に関する天保期の資料は天保 2 年以降となる。

21)　残念なことに、『相撲櫓太鼓』の絵図は白黒である。したがって、位階の違う行司の軍配の房色が判別できない。カラーで描かれた絵図であれば、下位の行司の房色を判別できたはずである。天保 14 年頃、朱色以外の房色、たとえば紅白や黒の区別ができたかもしれない。今のところ、紅白と黒の房色が現れた暦年はまだわからない。その手掛かりが欲しくて、『相撲櫓太鼓』の絵図がもともとカラーで描かれていたかもしれないと思い、博物館や公文書館などにあたったがやはり

6.　検討すべきおもちゃ絵

　本章では文化期から天保初期までの錦絵やおもちゃ絵をいくつか取り上げてきたが、おもちゃ絵の中には足袋姿で描かれているものがある。錦絵ではそのあいだに足袋だけで描かれているものはない。足袋が描かれているおもちゃ絵をどう解釈すればよいのかわからないが、それをここで取り上げ、その判断は読者にゆだねることにする。もしかすると、その絵には本章で見落としている重大なことが反映されているかもしれない。

　たとえば、次のおもちゃ絵には足袋姿の行司が描かれている。

・文化 12 年（1815）のおもちゃ絵、北斎画、『北斎漫画（三編）』(pp.6-7)
　／ビックフォード著『相撲と浮世絵の世界』(p.108)。本章末尾に資
　料（4）として提示してある。

　このおもちゃ絵は文化 12 年の『北斎漫画（三編）』に掲載されていることから、その年までにはすでに世に出ていたかもしれない。[22] 行司の足元は素足なのか足袋なのか判然としない。踝の上部に横線があるし、親指と足指の区別も明確でないことから、足袋姿だと判断している。そうなると、文化 12 年当時、足袋を履いていた行司がいたことになる。この足袋姿が真実を描いているとすれば、地位としての足袋がすでに出現していたことになる。

　これまで見てきた錦絵やおもちゃ絵では文化 12 年当時、草履格以外の行司は素足となっていることから、この絵の足袋姿はどう捉えればよいのだろうか。素足でも足袋でも自由に履くことができたなら、足袋姿でも問題ない。しかし、本章ではそういう解釈をしていない。もしかすると、こ

　白黒のものしか見つからなかった。

22)　文化 12 年以前に描かれたかもしれないが、ここでは『北斎漫画（三編）』の発
　　行年月から文化 12 年のものとして扱うことにする。

の絵は天明以前の足元を描いているのかもしれない。北斎が文化 12 年当時の行司の履物を実際に描いていると仮定すれば、これは本章でこれまで述べてきたものに明らかに反する。その絵が実際に文化 12 年当時を描いているか、それ以前に描かれていたかを吟味しなければならないが、描かれた年月を確認する術を知らない。結局、この絵図の足袋姿が真実を描いているかどうかの判断は今後の研究にゆだねることにしたい。

　廣重画の天保 2 年のおもちゃ絵とこの文化 12 年(1815)のおもちゃ絵(北斎画）には重なり合う取組がいくつかある。取組の力士や描き方も酷似している。行司も重なり合うものがある。北斎画（文化 12 年）の足袋行司は、廣重画（天保 2 年）では素足になっている。行司が同じだとする根拠の一つは、両方の絵図で房の持ち方が酷似している。同じ行司の足元が北斎画と廣重画でなぜ異なるかわからないが、絵師・廣重は北斎画の足袋姿に疑問を抱いたのかもしれない。すなわち、のちの廣重画にある足袋姿が本来あるべき姿で、先の北斎画の足袋姿は文化 12 年のものとしては正しくなかったかもしれない。北斎の文化 12 年の足袋姿は事実を正しく描いていなかった可能性がある。しかし、それは廣重画から推測したものであり、北斎画が間違っていたとは必ずしも判断できない。このように、文化 12 年の足元はほかの錦絵やおもちゃ絵と異なるが、本章ではその是非はやはり判断しないことにする。

　もう一つ北斎画のおもちゃ絵を取り上げておきたい。この絵は本章の結論と矛盾するものではないが、絵図の描かれた年月が明確になっていない。この絵図は明治 11 年発行の北斎漫画十一編に掲載されている。本章末尾に資料（5）として提示してある。

　ここで注目するのは行司の足元だが、素足で描かれている。足袋姿が一人も描かれていないことから、この絵は文政 13 年以前に描かれたものかもしれない。力士の廻しや行司の姿から判断すれば、プロの力士や行司である。どの時代の相撲を描いているかが問題になるが、それは不明である。これが文化期から天保初期までに描かれていれば、すでに見た文化 12 年の絵図と矛盾する。文化 12 年の絵図が当時の相撲を描いているかどうかを判断するには、この絵図の描かれた年月が正しいかどうかが重要である。

ここでは問題提起だけにとどめ、その解明は今後の課題としておきたい。

7.　今後の課題

　本章では足袋出現に関して 2 つの見方を取っている。

(1)　錦絵だけを参照すれば、足袋出現は文政 8 年から天保 4 年のあいだである。9 代木村庄之助が文政 8 年 3 月に行司免許を授与されたが、それまでは素足だった。天保 4 年 2 月の錦絵「越ケ濱と追手風の取組」に初めて足袋姿が描かれている。

(2)　文化期から天保初期までのおもちゃ絵を参照すれば、足袋出現は天保 2 年である。すなわち、具体的に暦年を指摘できる。廣重画のおもちゃ絵は落款から天保 2 年以降であり、その絵には足袋姿の行司が描かれている。また、文政 13 年 3 月のおもちゃ絵「大新版角力三十二附」では行司は素足で描かれている。

　本章では、おもちゃ絵も足元に関するかぎり、事実を正しく描いているとしている。同時に、錦絵にしてもおもちゃ絵にしても、それが描かれている年月は基本的に正しいものという前提をしている。もしこれらの前提が崩れると、足袋の出現時期もおのずと間違っていることになる。本章では細心の注意を払い、錦絵もおもちゃ絵も吟味してきたが、思いもよらない間違った判断をしているかもしれない。錦絵やおもちゃ絵に対する前提が正しいかどうかは、今後も注意深く吟味する必要がある。本章では絵図資料を活用しているが、それは活用できる文字資料が手元になかったからである。文字資料がどこかにあるかもしれないという希望は常に頭にあったが、残念なことに幸運に巡り合えなかった。そのような文字資料を見つけることも今後の課題の一つである。

8. 資　料

　本章で提示したおもちゃ絵は多くの場合、相撲を扱っている公刊の本や相撲博物館で見ることができる。そのための出典は詳細に提示してある。ここで掲載してある絵図は私が所蔵しているものや版権に触れないものだけである。江戸時代の錦絵は個人所蔵である限り版権に触れることはほとんどない。また、明治期以前の書籍であれば、出典を提示してある限り、掲載しても版権に触れることはほとんどない。しかし、博物館所蔵の絵図となると、所蔵権に触れる可能性がある。そういうことで、ここでは版権に触れないものだけを掲載してある。

　資料（1）：「大新版角力三十二附」、絵師記載なし、文政 13 年（1830）3 月。

資料（2）:「新撰角力徒久し」、廣重画、天保 2 年（1831）。

資料（3）:絵師・廣重の落款、内田著『廣重』(昭和 7 年／昭和 53 年（復刻版）、
pp.210-1)。内田著『廣重』によると、真ん中の四角括弧の丸印で囲んであ
る落款は天保 2 年である。これは廣重画「新撰角力徒久し」(天保 2 年)の
落款と一致する。

資料（4）：北斎画、『北斎漫画（三編）』(pp.6-7)、文化 12 年（1815）。

資料（5）：「北斎漫画（十一編）」（明治 11 年発行）。絵図の描かれた年月は不明。

『追記』文書資料見つかる

本章では錦絵やおもちゃ絵を駆使して足袋の出現を調べ、その出現をあえて天保 2 年だと結論付けた。ところが、その結論が正しくないことを示す文書資料が見つかった。

・資料名
「文政十亥年相撲方為取締吉田善左衛門出府之処江戸相撲之者共門入等之一件書抜御留守居方控写」

これは永青文庫所蔵だが、熊本大学付属図書館で閲覧することができる。[23] この資料によると、文政 11 年 4 月に木村庄太郎と式守与太夫にそれぞれ紅白房と足袋の使用を許可する免許状が授与されている。また、文政 11 年 11 月にも木村正蔵と木村多司馬に同様の免許状が授与されている。つまり、文政 11 年 4 月には足袋の出現を確認できたことになる。本書では天保 2 年としているが、これは明らかに間違っていたことになる。

本書では文政 10 年 3 月の錦絵と天保 4 年 2 月の錦絵を調べることができたが、そのあいだに足袋が描かれてある錦絵を見つけることができなかった。そのような錦絵があるのかさえわからない。そのため、おもちゃ絵に焦点を当てて調べたが、やはり限界があったことになる。これは素直に認めなければならない。

文字資料でまだはっきりしないのは、地位としての足袋をいつから履き始めたかである。文政 11 年 4 月に履き始めたのか、それとも以前から履いていたがそれを文政 11 年 4 月の免許状で初めて認めたかである。これに関しては前者が正しいようである。地位としての足袋を免許状で記した

---

23)　この資料を閲覧するには永青文庫（東京都文京区）の紹介状や閲覧・撮影の許可書を受け、熊本大学図書館にその書類を提出し、許可を受けるという少し複雑な手続きが必要である。

のは文政 11 年 4 月だからである。

　本章の天保 2 年という結論が正しくなかった理由の一つは、おもちゃ絵の描かれた年月を間違って判断したことである。年月の判断が間違っていれば結論もおのずから崩れるということはすでに指摘してある。特に廣重の「新撰角力徒久し」の落款も結果的に間違って判断したことになる。これは落款の時代区分にも問題があるかもしれない。いずれにしても、地位としての足袋の出現を天保 2 年としたのは間違いだった。

　探し求めていた文書資料が意外にも早く見つかったことは嬉しいかぎりである。また、それをこのような形で記すことができたことも素直に嬉しい。どのような資料であれ、それを見落とすことはときどきある。そういうことがないように努めていたが、本章を執筆していた時点ではそのような資料があることを知らなかった。歴史をさかのぼる研究をしていると限界を感じることがしばしばある。これもその一つである。

第4章　役相撲の矢と扇子

1.　本章の目的

　現在、役相撲には初めに小結格相撲、その次に関脇格相撲、最後に大関格相撲があり[1]、それぞれの勝者に矢、弦、弓が授与されている。弓と弦は少なくとも慶長期（1596-1615）から変わっていないが、矢には変化が見られる。つまり、矢のときもあったり、扇子のときもあったり、また元の矢に戻ったりしている。本章では大関格相撲の弓と関脇格相撲の弦については触れない。なぜなら何の変化もしていないからである。本章ではもっぱら小結格相撲の矢と扇子にのみ焦点を当てる。具体的に調べるのは、主として、次のことがらである。

(1)　現在は矢が授与されているが、その前は扇子だった。扇子の前は矢だった[2]。何時頃そのように変化したのだろうか。

(2)　もともとは矢だった。なぜ扇子に変わったのか。またなぜ扇子が矢に変わったのか。

(3)　明治17年3月の天覧相撲を描いた錦絵では矢を描いたものもある

---

1)　本章では役相撲の一番目を小結格相撲、二番目を関脇格相撲、三番目を大関格相撲と呼ぶことにする。現在は、もちろん、役相撲で取組む力士は必ずしも役力士とは限らない。

2)　本章の対象とする相撲は江戸相撲である。というのは南部相撲では小結格相撲の勝者には矢は授与されないからである。南部相撲では関脇格相撲の勝者と小結格相撲の勝者にそれぞれ同じ弦が授与される。これは南部相撲の『相撲極伝之書』（延宝3-4年）で確認できる。

し、扇子を描いたものもある。どれが真実だろうか。

(4) 矢が描かれた絵図資料と矢が授与されたとする文書資料がある。それは事実を正しく描写しているだろうか。

絵図資料と文字資料を調べてみた結果、大体、次のような結論になった。

(1) 吉田司家の故実に基づけば、矢を授与するようになったのは慶長年間（1596-1615）である。『古今相撲大全』（宝暦13年〈1763〉）に基づけば、すでに扇子に変わっている。慶長期から宝暦期の資料がないことから特定の年号を指摘することはできない。

(2) 矢は弓、弦で弓具一式であり、矢を授与するのは自然である[3]。矢の代わりに扇子を授与するには後付けの理由がある。その一つは形が矢に似ていることであり、もう一つは末広がりの縁起を担いだものである。どちらもあとから付会したもので、もともとの理由はわからない。

(3) 明治17年3月の天覧相撲を描いた錦絵には矢を描いたものと扇子を描いたものがある。たとえば、「浜離宮の天覧相撲土俵祭」（豊宣画）は矢であり、「御浜延遼館於テ天覧角觝之図」（国梅画）は扇子である。文字資料としては、たとえば、松木平吉著『角觝秘事解』（pp.13-4）や『東京日日新聞』の「天覧相撲」（明治17年3月11日）がある。文字資料が正しければ、この天覧相撲では矢が授与されたことになる。寛政の上覧相撲以降、勧進相撲の本場所を含め、矢が授与されたのはこの天覧相撲だけである。

(4) 錦絵に矢が描かれたものが2、3ある。たとえば、太刀山峰右衛門

---

3)「扇子」は弓具一式の一つではないが、説明の便宜上、「矢」と同様に弓具一式の一つとして扱うことにする。

横綱土俵入之図(明治 44 年)、大錦卯一郎横綱土俵入り之図(大正 6 年)
などである。文書としては、たとえば、『国技』の「角力故実」(昭和
6 年 6 月) ／『相撲道』(昭和 9 年 5 月、10 年 5 月、17 年 5 月) や『野
球界夏場所相撲号』(昭和 11 年 5 月号) の『相撲通になるには』な
どである。どちらも事実を正しく描いていない。なぜならその当時の
他の資料では扇子になっているからである。

(5)　扇子を括り付ける柱の色に関しては、大体二つの記述がある。一つ
　　は親柱に括り付けるとするものである。その柱は乾の黒柱である。も
　　う一つは呼出しの名乗り上げに応じて、隔日ごとに変わるとするもの
　　である。力士が東から上がるときは青柱に、西から上がるときは白柱
　　に括り付ける。安政 5 年以前の錦絵を見る限り、どの柱が乾の柱なの
　　か黒柱なのか判別が難しい。四本柱がいずれも赤だからである。しか
　　し、安政 5 年以降であれば、括り付ける柱はどの柱が青柱か白柱か容
　　易にわかる。四本柱が四色だからである。錦絵で見る限り、弓具一式
　　が描かれているのは白柱よりも青柱のほうが多い。

　宝暦以降であれば文字資料や絵図資料は豊富だが、それ以前になると極
端に少なくなる。したがって、宝暦以前に関しては、不明なことが多い。
また安政 5 年以前は四本柱が主として赤なので、弓具一式を括り付けてあ
る柱の方位が判別しにくい。しかし、安政 5 年以降は四本柱が四色なので、
括り付けてある柱の方位が容易に判別できる。
　それでは、これから具体的に資料を調べてみよう。

2.　矢から扇子へ

『古今相撲大全』(宝暦 13 年) の項目「褒美の起こり　付弓、弦、扇子配当」
には、役相撲の賞品授与について次のように書かれている。

　「勝相撲の弓を渡す起こりを尋ねるに元亀元年二月二十五日、織田信

長公江州常楽寺に於いて国中の相撲取共を召し集め給い、勝負をご覧
ありけるに宮居眼左衛門と言える者につづく相手なかりければ、御褒
美に御秘蔵の重藤弓を賜わりける。これ濫觴なり。（中略）勧進相撲
の十日目の結びに勝ちたる関に弓を渡すこと、この余風なりとぞ。役
相撲三番なるに関ばかりに褒美を渡し、その以下本意なしとて近来は
関に弓、関脇に弦、小結に扇子を渡す」

　弓、弦、矢が元亀時代から授与されたとなっているが、これは事実では
ない。たとえば、池田筆「儀式になった『弓取り式』の起源」（『大相撲も
のしり帖』、1990）には、次のような指摘がされている。

　「織田信長が、近江国（滋賀県）安土の常楽寺で元亀元年（1570）、
　相撲大会を催したとき、勝者宮居眼右（「左」：本書注）衛門にほう
　びとして重藤の弓を与えたというが、『信長公記』には太刀、扇、箙、
　裃などを相撲取にやったことしか記録されておらず、弓のことには全
　然触れていない。後世に補筆した『公記』にはじめて出てくるので、
　作為があったものと思われるが、江戸時代の相撲書にも記されてあっ
　て、今でもそのように書く人が多く、原典を調べていない孫引きの誤
　りと言える」（pp.65-6）

　三木愛花著『江戸時代の角力』（昭和3年）にも『古今相撲大全』には『信
長公記』にないものが追加されていると書いている。

　「この記事、何によって書きしものかは出処は明らかでないが、よも
　や仮作のものにはあらざるべく、彼『信長記』を基にして伝来の説な
　どを書き加えたるものにやある。予も『信長記』を読みたる事ありて
　信長が常楽寺にて角力を上覧せる記事のある事は記憶しおり、また宮居
　眼左衛門という力士が勝ち誇って褒美を賜られた記事のありし事を記憶
　するが、その褒美が信長の持ち弓であって、宮居眼左衛門がその後角力
　に出でず云々と述べし如き記事のあったことを記憶しておらぬ」（p.162）

　たとえば、「褒美が信長の持ち弓」とあるのは『信長公記』にない新し
い追加である。『古今相撲大全』は弓、弦、矢の褒美授与を『信長公記』
に帰しているが、それは事実と異なるのである。『古今相撲大全』では三
役相撲の勝者には弓、弦、扇子が授与されるとなっているが、宝暦の頃に
はそういう噂が伝わっていたのかもしれない。『信長公記』には「扇子」
のことは何も言及されていないにもかかわらず、『古今相撲大全』では「扇
子」になっている。それでは、何時ごろ、「矢」は「扇子」に変わったの
だろうか。

　『古今相撲大全』には小結に扇子を授与したとなっているが、最初から
扇子ではなかったことも記述している。『本朝相撲之司吉田家』(大正 2 年、
pp.6-7) に次のように書いてある[4]。

> 　「(十三代追風〔本書補足〕) 慶長年中徳川家康公より招かれて江戸に
> 　下り将軍上覧相撲の規式を定めて一番勝負とし、関には弓、脇には弦、
> 　結には矢の懸賞を与えることとしたり」(pp.6-7)

　これによれば、「矢」は慶長年間に授与されている。『信長公記』にはま
だ「矢」のことは言及されていないので、この頃に「矢」の授与が始まっ
たことになる。つまり、弓、弦、矢の弓具一式が揃ったのは慶長年間である。
宝暦 13 年 (1763) の『古今相撲大全』には小結格相撲で弦や扇子が勝者
にそれぞれ授与されたことが述べられている。『信長公記』に褒美として
の弦や矢のことは述べてないのに、『古今相撲大全』ではすでに扇子が当
然の事実として受け止められている。そのあいだに、弦や弓を授与するこ

---

4)　これと同じ内容の記述は、たとえば吉田長善編『ちから草』(p.125) や吉田長
　孝著『原点に還れ』(p.125) にも見られる。矢と同様に、弓と弦も同じ慶長年間
　に始まったかどうかは不明である。吉田司家は当時有力な「行司の家」だったか
　もしれない。徳川家に招聘されているからである。この吉田司家 (追風家) に関
　しては当時どんな行司の家だったかわからないが、「矢」を授与したことを真実
　だと捉えることにする。

との理由づけとして『信長公記』にさかのぼることが伝承となっていたに違いない。起源は不明であるにもかかわらず、それをあたかも『信長公記』であると誰かが言い出したに違いない。そして、それが検証されることもなく、代々受け継がれてきたに違いない。

3. もとは矢だった

『古今相撲大全』には「矢」ではなく「扇子」となっているので、矢から扇子になったのは慶長年間から宝暦13年のあいだということになる。矢を導入したのは「吉田行司の家」だが、その矢を扇子に変えたのがどの「行司の家」なのか不明である[5]。「矢」を導入したのが「吉田行司の家」だと主張しているので、扇子に変えたのも「吉田行司の家」かもしれないと思い、公刊されている吉田司家の文書などを調べてみた。しかし、その証拠を見つけられなかった。

正徳4年（1714）に木村喜平次著『相撲家伝鈔』が世に出ているので、それを調べてみたが矢から扇子になったことについては何も言及されていない。したがって、今のところ、矢が扇子に変わったのは慶長期（1596-15）から宝暦期（1751-64）のあいだだが、具体的な暦年は特定できない。百年余りもあいだがあるし、そのあいだ御前相撲や勧進相撲も行われていたので、矢や扇子のことを記した文献はどこかに埋もれているはずだ。それが

---

5) 慶長年間当時、のちの吉田司家は他の行司の家と同様に「行司の家」の一つだったかもしれない。しかし、有力な「行司の家」だった可能性はある。吉田著『原点に還れ』には「寛政以前、特に享保の頃には各行司の家が全国にかなりの数があり、家伝や故実家宝などを持っていて、それまで故実作法など各流まちまちであった」（p.140）。これが事実であったなら、矢を扇子に変えたのは必ずしも吉田行司の家とは限らない。後に吉田行司の家が「吉田司家」を名乗るようになったのは、寛政3年6月の上覧相撲あたりである。寛政以前にも行司の故実門人を授与していたという記録があることから、有力な行司の家だったのは間違いないようだ。

見つかれば、暦年をかなりの確率で特定できるかもしれない[6]。

　三木愛花著『国技角力通』（四六書院、昭和 5 年）には、もともとは矢だったがいつから扇子になったかはわからないと書いてある[7]。

　　「扇子は本来は矢であるべきはずであるが、いずれの時よりか扇子に
　　代えたもので、これも相当に古きようである」（p.89）

　南部相撲の『相撲極伝之書』（延宝 3-4）には、大関に弓、関脇と小結にはともに弦が授与されると書いてある。江戸相撲や大阪相撲とは違い、小結に矢が授与されない。なぜ小結に矢でもないし扇子でもないのか。南部相撲ではもともと矢を授与することもなかったようだ。そうなると、南部相撲で、なぜ矢から扇子にならなかったかを問うことは意味のない質問ということになる。

　扇子を授与しているが、本来は矢にすべきであるという考えは多くの文献でも述べられている。参考のため、そのいくつかを示す。

（1）　岡敬孝著『古今相撲大要』（明治 18 年）
　　「小結に矢（平常の場所に於いては近来扇子を以て矢に変える）」（p.7）。

（2）　塩入太輔編『相撲秘鑑』（明治 19 年）
　　「小結に白扇を渡すは彼の白羽の矢の代りなり」（p.60）。

（3）　大ノ里著『相撲の話』（昭和 5 年）
　　「外に弦と扇子が添えてあるが、扇子は本来箭であるべきはずのものを代えたもの」（pp.15-16）。

　6）　勧進相撲は中止になった時期もあるが、矢が扇子に変わったのは必ずしも勧進
　　相撲だけというわけでもないはずだ。御前相撲で変わった可能性もある。
　7）　これと同じ記述は、たとえば小泉三郎著『昭和相撲便覧』（野崎書房、昭和 10 年、
　　p.12）にも見られる。

（4）　小泉三郎著『昭和相撲便覧』（昭和 10 年）
　　「扇子は本来矢であるべきはずのものを代えたもの」（p.12）。

（5）　松翁木村庄之助著『国技勧進相撲』（昭和 17 年）
　　「小結の勝ち力士には扇子（矢の代りに）」（p.44）。

　文献では「扇子」を授与すると記述しながら、但し書きとして扇子はその矢の代用であると補足していることも多い。もちろん、扇子を授与するとのみ記述したあるものもある。

4.　なぜ扇子なのか

　『古今相撲大全』には小結格相撲に扇子が授与されるとあるが、それは昭和 27 年 5 月まで変わっていない。それでは、なぜ矢の代わりに扇子を使ったのだろうか。『相撲伝秘書』（安永 5 年〈1776〉）の「相撲に弓を用いる事」に記されているように、扇子の形状に伴う「末広がり」や「繁昌願い」などの縁起担ぎで「矢」を「扇子」に替えたのだろうか。扇子の使用について述べてある文献があるので、それをいくつか示す。

（1）　三木愛花著『日本角力史』（明治 34 年）
　　「勧進相撲の時代に及び、大関に弓を与ふるのみにては関脇、小結の状、寂寞を感ずるを以て、さらに関脇に弦、小結に扇を与ふるの例を開くという。案ずるに扇は元矢を与えしものなるを形の相似たるより、略して扇となしたるにあらざる乎、しばらく後考を待つべし」（p.203）

　矢を扇に代用したのは形が似ていたからではないかと推測している。確かに錦絵を見ると、矢と扇の形はよく似ている。

（2）　三木・山田（共編）『相撲大観』（明治 35 年）

「（大関に弓、関脇に弦を、小結に扇子を与えるが、これについて自分なりの考えがある：本書補足）弓に対する弦は可なりといえども、扇子を与えることは因みのなきことなり。これ恐らくは矢を与えたりしをいつの頃にか略して扇子となせしにあらざるか。然らばこそ今も扇子のみは二本すなわち一対を束ねたものを与えている。矢は必ず二本を例とし一の矢、乙矢と添えたるものなれば、これを扇子二本束ねたる形によりて略用したるものと言うもあながち付会の説にあらざるべし。ただし宝暦の頃にもすでに扇子を用いることは『古今相撲大全』にも見えたれば、扇子を用いしも古きことと思われたり」（pp.166-7）

矢と扇子の一対についてはほとんど同じ記述が次の文献でも見られる。

(3)　枡岡・花坂著『相撲講本』（昭和 10 年）
　　「矢は必ず二本を例とし一の矢、乙矢を備える。扇子は二本の一対を用いる例故、矢に転用したものと思われる」（p.743）

　矢の代わりに扇子を用いるのは弓具一式としてはおかしいが、矢が二本で一対なので扇子も同様に一対にしたかもしれない。すなわち、矢が二本で一対となるように、それを模して扇子も一対にしたようだ。また、扇子を折りたたんだとき、矢と形状が似ていることから、扇子を使用しても特に違和感がなかったのかもしれない。一対と形状のうち、どちらが真実かはっきりしない。
　池田雅雄氏は次のように書いている。

(4)　池田筆「三役そろい踏み」（『サンデー毎日別冊』、昭和 38 年 3 月）
　　「江戸時代から長いあいだ、小結格に甲矢乙矢一束の代わりに扇子一対を与えていたが、近年どういう理由か知らないが、また矢を用いるようになった」（p.94）

　これは矢の代わりに扇子を褒美として授与していたことを述べている

が、昭和 27 年 9 月から扇子の代わりに矢を授与するようになったのはどういう理由からかは不明としている。理由は「矢」が弓具一式の一つであるという考えがずっとあり、自然な姿に戻っただけである。本章ではそう解釈している。つまり、扇子は矢の代用に過ぎず、何らかの理由で長い間本来の「矢」に戻らなかったのである。その「何らかの理由」が何であるかは、本章では解明できない。

5. 扇子から矢へ

弓・弦・矢は弓具一式であるが、弓・弦・扇子は何か不自然である。本来は「矢」を授与すべきだという考えがあり、昭和 27 年 9 月以降、扇子が矢に変わったのもこの考えが根底にあったのである。四本柱を撤廃し、四房を天井から吊るすようになった 9 月に矢に戻っている。その前後の資料を示す。

(1)　彦山著『相撲読本』（昭和 27 年 1 月）
　　「(弓具一式は飾ってあるが：本書補足)、本場所には別に用意（矢は扇子一対をもって代用）して授けることになっている。いずれにしても授与する直前までは、東方の青柱に結びつけて置く。ただし本場所のごとく正式に取る日が二日以上にわたるときは、『出かけ』といって奇数日は東方の青柱に、偶数日は西方の白柱に収めておかなければならない」（p.79）

この本は昭和 27 年 1 月に出版されているが、「扇子」を使用することが書かれている。扇子は「矢」の代用だと但し書きされているように、本来はやはり「矢」であることが示唆されている。

(2)　『新版相撲通になるまで』（『相撲』増刊号、昭和 28 年 11 月）
　　「三役の勝ち力士には
　　　　大関……弓　　　関脇……弦　　　小結……矢

を賞品として与える」（p.76）

　この別冊は扇子から矢に変わった約 1 年後に出版されているが、小結に「矢」が授与されている。「扇子」という表現はない。その頃は、矢を授与することは当然のことと受け入れられている。

　昭和 27 年 9 月場所を扱っている雑誌や新聞に扇子の代わりに矢を使用するようになったことが記述されているかもしれないと思って調べたが、残念ながら見つけられなかった。四本柱が四房になったことは大きな出来事として取り上げられているが、扇子から矢に変わったことは一言も言及されていない。一般の目にもそれに注意を払うことがなかったからかもしれない。

　本章で昭和 27 年 9 月にそれまでの扇子が元の矢に戻ったとしているのは、状況証拠に基づいたものである。1 月に扇子を記述した雑誌記事があり、翌年の 11 月に矢を記述した本があるからである。そのあいだに四本柱撤廃という出来事があった。弓具一式はもともと四本柱に括り付けていたので、四本柱の撤廃と同時に括り付けもなくなった。その際、従来「扇子」だったものを本来の「矢」に変えることにしたに違いない。弓具一式は土俵以外の場所で保管し、千秋楽の役相撲で勝者にそれぞれ弓・弦・矢を授与することにしたのである。この様式が現在も続いている。

(3)　池田筆「三役そろい踏み」（『サンデー毎日別冊』、昭和 38 年 3 月）
　　　「三役の賞品である扇子（矢）、弦、弓は、四本柱があった 27 年 5 月
　　　場所までは、役柱に結びつけてあった。この役柱は、東西の呼出し順
　　　序が代るように初日の奇数日は東方で、偶数日は西方の柱にくくりつ
　　　けて、一日ごとに代っていた」（p.94）

　5 月場所の次の本場所は 9 月だったので、矢を授与したのは 9 月場所である。当時、7 月場所はなかった。

6. 明治17年の天覧相撲

明治17年3月の天覧相撲では扇子ではなく、矢になっている。これは宝暦以降、初めての例外である。矢を実証する根拠となる資料を示す。

A. 文字資料

(1)『東京日日新聞』の「天覧相撲」(明治17年3月11日)
「(前略) 行司木村庄三郎、式守与太夫、木村庄五郎の三人は何れも素袍烏帽子にて土俵に飾り置ける弓・矢・弦 (三役に賜るべき科) 並びに御神酒を取り除け (後略)」

この記事は土俵祭の模様を描いたものだが、飾ってあった「矢」はあとで四本柱に括り付けたに違いない。[8]「矢」と「弦」の順序が授与する順序と異なるが、それは実際に授与するときの順序ではないはずだ。[9]当時の本場所では関脇格相撲の勝者に「弦」、小結格相撲の勝者に「矢」が授与さ

---

8) 他の新聞も調べてみたが、「矢」や「扇子」のことには何も触れていない。『東京日日新聞』の記者が間違った思い込みで「扇子」の代わりに「矢」と記したかもしれないと思ったが、松木平吉著『角觝秘事解』の記述は具体的で細部も詳しいことから事実に即していると判断している。錦絵を描いた絵師たちは観戦をしていないが、相撲を観戦したり相撲に直接携わったりした関係者に聞いて描いているはずだ。錦絵の描かれた年月も相撲の開催日よりそれほどかけ離れていない。

9) 三木愛花筆「お濱離宮の天覧角力」(『角力雑誌』第18号、pp.5-8、1921〈大正10年〉) にも「矢」になっているが、この論考は筆者がその天覧相撲をじかに見て書いたわけではない。明治17年に書かれた資料に基づいて書いたものであり、事実の確認資料にはならない。この論考には「弦」の記述も出ていない。同様な記述は、たとえば、「明治初年の天覧相撲」(『国技』、昭和6年6月、p.13)にも見られる。これにも「弦」は言及されていない。いずれにしても、「矢」が間違いなく飾られたことを確認するには当時の資料にそのことが書かれていることが大切である。その資料が真実を裏付ける証拠になる。

れることになっていたからである。

（2）　松木平吉著『角觝秘事解』（明治 17 年）

　　「（前略）それより三宝を庄五郎、弓に白羽の矢・弦を与太夫に渡す。相捧げ玉座に向かいて拝礼してあとずさりになり（後略）」

　三宝の品々を取り除ける模様を著しているが、与太夫が弓・矢・弦を取り除けている。[10] 上記の『東京日日新聞』と同じように、やはり「矢」となっている。「扇子」という言葉はまったく出てこない。[11]

B.　錦　絵

　天覧相撲の錦絵では矢を描いているものもあるし、扇子を描いているものもある。[12] 次の錦絵では矢が描かれている。

（1）　「浜離宮の天覧相撲土俵祭」、豊宣画、酒井著『日本相撲史（中）』（p.69）[13] ／池田編『相撲百年の歴史』（p.98）。

　しかし、扇子を描いている錦絵もある。

---

10)　松木平吉著『角觝秘事解』（p.16-7）には弓具一式（弓・弦・矢）の図が描かれているが、矢なのか扇子なのかは判別できない。本文に「矢」とあることから、「矢」に違いないと捉えている。

11)　風見明著『相撲、国技となる』には三役相撲（小結格相撲）の勝者には「矢」が贈られたとある（p.23）。これが『東京日日新聞』（明治 17 年 3 月 11 日）以外の新聞に基づいていれば、確実に「矢」が授与されたことを裏付ける証拠となるに違いない。

12)　他にも上覧相撲を描いた錦絵はいくつかあるが、弓具一式が描かれていないため、矢なのか扇子なのかがわからない。

13)　頂上部のくぼみがあり、平たんになっていないことから「矢」と判断している。「扇子」なら弦の中に納まる形状で描くはず。

(1) 「御浜延遼館於テ天覧角觝之図」、国梅画、池田編『相撲百年の歴史』
（pp.98-9）。

　いずれが本当の姿を描いているのだろうか。実は、錦絵だけでは即断で
きない。扇子を描いた錦絵が正しいかもしれない。なぜなら宝暦以降、弓・
弦・扇子がずっと授与されてきたからである。しかし、文字資料を見れば、
矢が使われている。文字資料の中で扇子が使われたという記録が一つでも
あれば、判断に迷いが生じるが、そういう記録がまったくない。文字資料
も確かに二つしかないが、それには矢と記述されている。これを証拠に上
覧相撲では矢を使ったと判断している。
　なぜ明治17年3月の天覧相撲では矢が使われただろうか。残念ながら、
理由はどの文献でも見つけられなかった。自分なりにその理由を推測して
みることにした。

(1)　天覧相撲は特殊な相撲だったから。通常の本場所とはどこか違うこ
　　とを示したかったのかもしれない。天覧相撲は江戸時代の上覧相撲に
　　匹敵するので、「扇子」でもよいはずだが、あえて「矢」にしたのは
　　天覧相撲を「特別な」相撲として位置づけたかったのかもしれない。

(2)　「矢」が弓具一式としてふさわしく、「扇子」はその代理にしか過
　　ぎなかったからかもしれない。実際、文字資料では「矢」の代わりに
　　「扇子」を用いるという記述がたくさん見られる。つまり、本来は「矢」
　　を使用すべきだが、便宜的に「扇子」を使用しているに過ぎない。

　この「矢」の使用に関し、吉田司家がどの程度関与したのかを知りたい
のだが、それを示す資料をまだ見ていない。「矢」を用いることに吉田司
家が直接関与したのか、それとも相撲協会が独自の判断であえて「矢」に
したのか、知りたいところである。「矢」の使用はこの天覧相撲だけで、
他の天覧相撲や本場所では「扇子」を使用している。
　寛政3年4月と天保14年9月の上覧相撲でも「扇子」が使われている。

- 寛政 3 年の上覧相撲（「すまゐご覧の記」）
「庄之助柏戸の方へ団扇をささげ、小結の職に堪えたりと賞して扇を
さずく」
「今日の関脇にかなえりとて弦を陣幕にあたう」
「きょうの関にかなえりとて弓をさずく」

- 寛政 6 年 5 月（荒木精之著『相撲道と吉田司家』）
「弓　白木　壱張
弦　壱掛
上扇子　壱対」（p.60）

- 天保 14 年の上覧相撲（酒井忠正著『日本相撲史（上）』に『遊芸園随筆』
から引用として掲載されている）
「小結に扇を賜い候」（p.314）

　江戸時代はこれ以外にも享和 2 年 12 月、文政 6 年 4 月、文政 13 年 3 月、
嘉永 2 年 4 月に上覧相撲が行われているが、矢と扇子のうち、いずれが
使われたかは必ずしも明らかでない。しかし、本書では伝統を考慮し、す
べて「扇子」が使われていたと推測している。裏付けとなる証拠は今後の
課題である。

7.　例外的な矢

　宝暦以降昭和 27 年 5 月まで、明治 17 年 4 月の天覧相撲を除いて、ずっ
と扇子だったと述べてきたが、これに反するような錦絵資料や文字資料
がいくつかあることも確かである。しかし、これらの資料は事実を正しく
描いていないものである。おそらく、絵師や執筆者に弓具一式であれば、
「矢」であるという思い込みがあったに違いない。というのは、他の錦絵
や文字資料を見ると、「扇子」になっているからである。

(1) 矢を描いてある錦絵

(a) 太刀山峰右衛門横綱土俵入り之図、大正6年、美邦画。
露払い・紅葉川、太刀持ち・黒瀬川、木村庄之助、呼出し・貞治郎。

(b) 大錦卯一郎横綱土俵入り之図、大正6年、版元・松木平吉。
露払い・小常陸、露払い・九州山、式守勘太夫、言上・勘太。

同じ横綱の土俵入りを描いた錦絵があり、それには扇子が描かれている。

(a) 扇子を描いてある錦絵（大正6年頃）。

(b) 太刀山峰右衛門横綱土俵入り之図、明治44年、玉波画、版元・松木平吉。
露払い・土州山、太刀持ち・伊勢ケ浜、木村庄之助、呼出し・金治郎。
描かれた暦年に少し隔たりがあるが、扇子を矢に変えたという資料は
見たことがない。

(2) 文字資料（矢としているもの）

(a) 『東京毎日新聞』（明治42年6月3日）の「国技館開館式―内部
の壮麗」
「（前略）四本柱に弓矢を飾り紫の幔幕例の如くなるが（後略）」

この記事では「矢」となっている。「扇子」ではない。国技館開館とい
う記念すべき出来事であるため、特別に「矢」を飾ったのだろうと判断し
そうだが、それが事実に即していないことは他の新聞記事などからわかる。
たとえば、『大阪朝日新聞』（明治42年6月3日）の「余興角力」には「（前略）
四本柱には紅白萌黄黒の布を巻き、弓弦扇を束ねて南の柱に結い付け（後
略）」とある。他の新聞記事を参照することで、この『東京毎日新聞』の「矢」
は思い込みによる間違いだとわかる。[14]

---

14) 明治17年6月の天覧相撲の「矢」をめぐっては一つの新聞だけに「矢」とあり、
他の新聞では何も言及されていない。そのため、扇子と矢のうち、いずれが正し

(b) 『国技』の「角力故実」（昭和 6 年 6 月）／『相撲道』（昭和 9 年 5 月、10 年 5 月、17 年 5 月）

「爾来（天正 3 年：本書注）今日に至るまで大関、関脇、小結の勝ちたる方へ弓、弦、矢を与えることとなり」（p.5）

　矢の故事を述べたついでに、現在も小結格相撲の勝者には「矢」が授与されていると書いてある。

(c) 『野球界夏場所相撲号』（昭和 11 年 5 月号）の『相撲通になるには』[15]

「三役の力士には、大関―弓、関脇―弦、小結―矢を賞品として授与されるのだが、これは天正 3 年に織田信長公が安土城で上覧角力を催されて以来のことである」（p.114）

　これは明らかに間違いである。矢が弓具一式の一つだという思い込みがあるために、「矢」としたに違いない。

8.　弓具一式を結いつける柱

　弓具一式は幣束とともに四本柱に括り付けるが、その柱は決まっていた

いのか判断に迷いがあった。決め手は松本平吉著『角力秘事解』に「矢」として記述されていることと「特別な」相撲だということだった。判断にミスがあるとすれば、『角力秘事解』の記述が正しくない場合である。

15)　これとまったく同じ記述が「相撲フアン大福帖」（『野球界春場所相撲号』、昭和 13 年 12 月、p.169）、「春場所大相撲必携」（『野球界春場所相撲号』（昭和 17 年 12 月、p.92）、鈴木要吾著『相撲史観』（人文閣、昭和 18 年、p.107）などにもある。また、天正 3 年以降ずっと「矢」が小結に授与されていたと記述してある雑誌記事（たとえば雑誌『相撲道』〔昭和 9 年 5 月、発行所・大日本相撲協会内〕の「三役の故事」〈pp.4-5〉）もあるが、これは古書の記述をそのまま採用しているからである。同時に、「矢」が弓具一式に合致するという思い込みもあったに違いない。

ようである。元々は乾の柱だったが、のちには「出掛け」によって柱が変わっている。すなわち、青柱と白柱である。弓具一式を括り付ける柱が常に一定だったかどうかはまだ確認していないが、かなり一定だったことは確かである。参考までにそのいくつかを示す。すべての文献が同じというわけではないので、さらに詳しい検討が必要であることも指摘しておきたい。

---

16) 柱には弓弦扇子の他に太刀（剣）が数本結い付けてあることもある。しかも、太刀などが結い付けられている錦絵は天明期から明治9年（1876）の廃刀令を過ぎても続いている。たとえば、錦絵「勧進大相撲取組の図」（国明画、明治15年〈1882〉5月、梅ケ谷と大鳴門の取組）には柱3本に刀が括り付けられている。この錦絵は拙著『大相撲行司の軍配房と土俵』、2012）の表紙絵となっている。刀を明治のいつ頃柱に括り付けなくなったかはまだ調べてない。

17) 「出掛け」とは呼出しが東西のどちらかの方位を呼び上げることである。すなわち、東方を先に呼び上げれば力士は東から土俵に上がるし、西方を先に呼び上げれば力士は西から土俵に上がる。現在は、隔日に出掛けは変わる。すなわち、奇数日は東から、偶数日は西から、それぞれ先に上がる。この「出掛け」という言葉は『古今相撲大全』（宝暦13年）にすでに見られる。宝暦の頃、東西の力士が土俵入りしたとき、どのような出掛けになっていたのだろうか。隔日に出掛けが変わったのだろうか。それがわかれば、どの方位の柱に弓具一式を括り付けたかもはっきりするかもしれない。

18) 明治43年6月の国技館開館時の土俵では弓具一式は南の柱（つまり赤柱）に括り付けてある。これは吉田長孝著『原点に還れ』（p.64）や『東京朝日新聞』（明治42年6月3日）の「式前の土俵」で確認できる。彦山光三著『土俵場規範』（昭和13年、pp.79-80）によると、吉田司家には独自の方位の決め方があったらしいので、それが弓具一式を南の柱に結い付けることと関係あるのかもしれない。吉田司家の方位の決め方がどのようなものだったかをわからないので、なぜ南の柱に弓具一式を結い付けたのかもわからない。いずれにしても、通常の本場所では青柱か白柱に結い付けるのに、国技館開館時には南の柱（赤柱）に結い付けていることから、何か特別の理由があったのかもしれない。なお、吉田司家の方位が通常の方位と異なっていたことは笠置山勝一著『相撲範典』（昭和17年、pp.130-1）にも述べられている。

（1）『古今相撲大全』（宝暦 13 年[19]）

　　「この弓は四本柱のうち出掛けの正面の乾の柱に結い付け置きしが、
　　近代出掛けの柱に結い付け置く[20]」

　宝暦以前は乾の柱に結い付けてあった。この柱は親柱または役柱と呼び、
年寄がその前で座っていた。最初は一人の年寄だけだったが、宝暦の頃に
は艮（現在の青柱の方位）にも座るようになった。つまり、2 名の年寄が
座るようになった。年寄が座る柱には弓弦扇子を結い付けていたらしい。
時期は明確でないが、力士が東西から土俵に上るようになると、弓弦扇子
も力士の登場する奇数日には東、偶数日には西の柱に結い付けるようにな
った[21]。年寄 2 名が役柱に土俵上で座っている様子は、たとえば、天明の頃
の錦絵で確認できる。

・「江都勧進大相撲浮絵之図」、春章画、ビックフォード著『相撲と浮
　世絵の世界』（p.80、版元・鶴屋）。

---

19)　この記述後半部の「出掛けの柱」の数がはっきりしない。2 本であれば、東西
　　の青柱と白柱を意味し宝暦の頃より昭和 27 年 5 月まで変わっていないことにな
　　る。同じ 2 本でも白柱と青柱以外であれば、その色の柱に変化する時期が問題に
　　なる。明確な判断ができないので、本章では青柱と白柱以外の柱だったとしてお
　　きたい。その理由は三木愛花著『相撲史伝』（明治 34 年）に『古今相撲大全』と
　　異なる記述があるからである。少なくとも宝暦以降に青柱と白柱に定着したと解
　　釈するのが自然である。

20)　同じ表現は大西秀胤編『相撲沿革史』（明治 28 年、p.80）にも見られる。明治
　　28 年当時は弓具一式を括り付けるのは青柱か白柱となっている。この表現が明治
　　28 年当時の事実に合致しているかどうかがはっきりしない。出掛けの柱が具体的
　　にどの柱なのかはっきりしないからである。

21)　天明の錦絵には年寄が座っている 2 本の役柱に弓弦扇子が結い付けられてある
　　ものもあるので、宝暦から天明にかけては結い付ける柱は東西のいずれかで固定
　　していなかったかもしれない。これはさらに調べる必要があることを指摘してお
　　く。ちなみに、文化期の錦絵には年寄が 3 名、文政期の錦絵には 4 名を確認でき
　　るが、いつからそうなったかはまだ確認していない。また、年寄の人数と弓具一
　　式を括りつける柱との関係もまだ確認していない。

池田著『大相撲ものしり帖』（p.206）によると、寛政年間に年寄2、3名が四本柱を背に座るようになっている。

　なお、安政5年以前は四本柱がすべて赤色なので、弓具一式が常に一定の柱に括られているのかどうかを確認するのが難しい。錦絵を調べてみると、柱の方位は一定していない[22]。しかし、安政5年1月以降であれば、四本柱が四色なので、弓具一式がどの柱に括られているかを比較的容易に判別できる。多くの場合、弓具一式は確かに青柱か白柱になっている[23]。

(2)　三木愛花著『相撲史伝』（明治34年）
　　「（前略）『古今相撲大全』に記してこの弓は四本柱の中、出掛けの正面の乾の柱に結いつけ置きしを、近代は出掛けの柱に結い付け置くと言い、今は正面右の柱と後面左の柱とこもごも相変えて結び置くこと人の知るところなり」（pp.203-4）

　明治34年には出掛けの東柱と西柱に括り付けている。

---

22)　安政5年以前の錦絵で弓具一式が結い付けられている柱の方位を調べてみると、一定していない。本章では安政5年以前、弓具一式をどの方位の柱に結い付けてあるかに関してはほとんど問題にしていない。結い付けてある柱は容易に見分けがつくが、方位となるとその判断が難しいのである。方位に関心があれば、錦絵を掲載している相撲書を調べてみるとよい。

23)　安政5年から明治42年までの錦絵を調べてみると、弓具一式は青柱か白柱に括り付けてあり、黒柱に括り付けてあるものは見当たらない。例外的に赤柱に括り付けてあるものはある。たとえば、錦絵「勧進相撲土俵入之図」（明治38年〈1905〉5月、版元・松木平吉）である。この錦絵は明治32年5月場所を描いた錦絵と酷似し、それには白柱に括り付けてある。明治38年5月の錦絵の赤柱はたまたま絵師が間違って描いたかもしれない。また、「勧進大相撲取組之図」（春斎筆、明治29年〈1896〉6月、鳳凰と大砲の取組）でも赤柱に弓具一式は括り付けられている。当時の文書資料によれば、青柱か白柱に弓具一式は括り付けられている。この錦絵は拙著『大相撲立行司の軍配と空位』（2017）の表紙絵になっている。

(3)　三木愛花著『江戸時代の角力』（昭和3年）

　「北の正面から、向かって正面に近いほうの右方の黒柱を親柱または
　役柱と呼び角力長（今では取締）がこれに倚るのである。後には東西
　から角力長が出たのであったから、左右に役柱を作り青柱のほうも役
　柱と称し、かつ隔日にこの役柱を定め、その柱に幣束と弓とを飾りつ
　けることになった。すなわち初日に東方から力士が『出かけ』となる
　時は、この弓と幣束は東の親柱に飾り、その翌日は西にして隔日に取
　り替えて行くことになっている」（pp.107-8）

　この記述では役柱が黒柱と青柱になっている。この両柱を背にして角力
長が座っている。役柱が一つ増えたことにより、弓具一式を結いつける柱
も青柱と白柱になった。この記述によれば、黒柱に弓具一式を結いつける
ような表現になっているが、おそらく「白柱」とするのが正しいに違いな
い。明治時代にはすでに青柱と白柱を隔日に入れ替えていたからである。
役柱が乾の黒柱だけだったときには、弓具一式をその柱に結いつけていた
が、青柱も役柱になったとき、白柱に結いつけるようになったのかもしれ
ない。これは単なる推測で、確かな根拠に基づくものではない。検討を要
する課題である。

(4)　『野球界』（昭和14年11月号）

　「ところで、この弓は、古く四本柱の中で、出掛けの正面の乾の柱に
　結んでおいたものであるが、今日では、正面の右の柱と裏正面左の柱
　と交代に結んでおく」（p.117）

　千秋楽の弓具一式は三役相撲が始まる前に取り外している。これは笠置
山勝一著『相撲範典』（昭和17年）に「（弓・弦・矢は：本章注）三役相
撲まで、正面の柱、玄柱に結いつけておく」（p.133）とあることで確認で
きる。『相撲範典』では「乾の柱に結いつけておく」とあり、本場所中ず
っとその柱に結いつけてあるような記述をしているが、当時は（昭和17年）
すでに奇数日は青柱、偶数日は白柱に結いつけていた。しかし、これに反

する文献もあるので、それを次に示す。

(5) 『野球界』（別冊『相撲読本』、昭和 16 年 4 月）
「主として北の玄武柱（黒柱：本章注）に賞品としての「弓」と「弦」
と「扇子」とを供える」（p.33）

この記述によれば、弓具一式を乾の黒柱に結いつけるとなっているが、
昭和 16 年当時は青柱と白柱になっていた。古い記述を書き写したのかも
しれない。

(6) 笠置山勝一著『相撲』（旺文社、昭和 25 年）
「初日は青の柱に、二日目は黒の柱に弓具一式は結びつけられてある。
この頃は白の柱にあることもあって青、赤、白、黒の順に変えるのか
と思ったがそうでもないらしい。千秋楽は黒に置くのが正規である。
弓には矢（白扇に変える場合が多い）二本と弦が金銀か紅白の水引で
結びつけられている」（p.35）

この記述によると、偶数日には「黒柱」となっているが、これが事実か
どうかは疑わしい。以前は、確かに千秋楽には黒柱に結いつけることもあ
ったが、昭和 25 年当時はすでに白柱に結いつけていた[24]。この書物『相撲』
でも実際に黒柱に結いつけてあるとは書いていない。青柱と白柱を隔日に
結い替えていたからである。

(7) 彦山著『相撲読本』（昭和 27 年）
「『かざり弓』は弦と矢一対を合わせて一括りにしてあるが、弓は大関・

---

24) 乾の親柱（すなわち黒柱）に弓具一式を結いつけて置くこともあったが、それ
がいつ頃まで続いていたのかは必ずしもはっきりしない。奇数日には青柱、偶数
日には白柱となってからは、千秋楽であっても黒柱に結いつけて置くという習慣
は廃止されていたのではないだろうか。これは、実は、まだ確認していない。

弦は関脇・矢は小結というようにそれぞれ『千秋楽』における三役勝者への褒賞用であり、本場所には別に用意（矢は扇子一対をもって代用）して授けることになっている。いづれにしても授与する直前までは、東方の青柱に結びつけて置く。ただし本場所のごとく正式に取る日が二日以上にわたるときは、『出かけ』といって奇数日は東方の青柱に、偶数日は西方の白柱に収めておかなければならない」（p.79）

　この記述の中で「授与する直前までは」とあるのは、「三役相撲の始まる前まで」を意味しているに違いない。本場所では柱の飾り物ではなく、別のものを授与するとも書いてあるが、それが真実かどうかはわからない。相撲に精通していた彦山氏の記述なので真実に違いないが、それを裏づける証拠はまだ見ていない。

(8)　池田筆「三役そろい踏み」（『サンデー毎日別冊』昭和 38 年 3 月）
　　「三役の賞品である扇子（矢）、弦、弓は、四本柱があった 27 年 5 月場所までは、役柱に結びつけられてあった。この役柱は、東西の呼出し順序が代るように初日の奇数日は東方で、偶数日は西方の柱にくくりつけて、一日ごとに代っていた」（p.94）

　本場所は二日以上あるので、青柱と白柱に出掛けに応じて交互に飾る。これは昭和 27 年 5 月場所まで続いていた。昭和 27 年 9 月に四本柱が撤廃されたが同時に、弓具一式も土俵上で飾らなくなった。しかし、役相撲では褒美としての弓、弦、矢を現在でも見ることができる。

9.　今後の課題

　本章では役相撲の矢と扇子をめぐり、いくつか課題を調べてきた。しかし、調べても解明できない問題点がいくつか出てきた。その問題点を列記しておきたい。

(1)　矢の導入は慶長年間となっているが、それを裏づける資料は吉田司家の文書以外にないか。

(2)　『古今相撲大全』には弓・弦・矢は織田信長の上覧相撲ですでに授与されていたと書いてあるが、それは事実を正しく反映しているだろうか。

(3)　矢は宝暦以前にすでに扇子で代用されている。慶長期と宝暦のあいだ、いつ頃代用されたかを裏付ける資料はないだろうか。

(4)　矢の代用として扇子が使われているが、なぜそうなったかを説明している吉田司家の文書はないだろうか。

(5)　扇子は矢の代用だという考えは相撲に携わっていた人たちにあった。それにもかかわらず、昭和27年5月まで本来の矢に戻していない。なぜだろうか。

(6)　本章では扇子が矢に戻ったのは昭和27年9月だと指摘している。四本柱の撤廃を大きな証拠としている。その指摘は正しいだろうか。それを裏付ける確かな資料はないだろうか。

(7)　明治17年3月の天覧相撲では例外的に矢が使われている。なぜだろうか。また、吉田司家はなぜそれを許したのだろうか。それとも吉田司家は天覧相撲とかかわりがなかったのだろうか。

(8)　本章では宝暦以降、昭和27年5月まで扇子が使われていたと指摘している。その指摘は正しいだろうか。矢を描いた錦絵や矢を使用したという資料は事実を正しく反映していないはずだ。それは正しい指摘だろうか。

(9)　弓具一式は特定の四本柱に括り付けてある。乾の親柱の場合もあるし、東西の青柱や白柱の場合もある。どの柱にするかは決まりがあったはずだ。本章では乾の柱に括り付けなくなったのがいつ頃なのか、また、青柱と白柱になったのがいつ頃なのかについて指摘していない。それは今後調べなければならない。

　もちろん、視点の置き方によっては他にも課題を追加することができるが、上記の問題点は解決しようとしてできなかったものである。

第5章　四本柱と揚巻

1．本章の目的

　本章では明治10年代後半から明治45年までの四本柱の色の配色と揚巻の色について調べる[1]。本章で調べるのは通常の勧進大相撲、すなわち本場所である[2]。本章では、主として、次の点を指摘する。

(1)　四本柱の左側に同色の揚巻を水引幕の中央に吊るすようになったのは明治23年5月場所である。その時初めて、四色の揚巻が導入された。それ以降、それが定着し、現在に至っている。

(2)　四本柱の色の配色は常に一定だった。それを裏付けるのは水引幕の張り方である。北柱から巻き始め、青柱、赤柱、白柱と順に張り、最後は黒柱で巻き納める。この巻き方は江戸時代から現在まで変わりない。

(3)　明治42年6月に国技館が開館したが、そのとき北を正面、南を向正面と決めた。玉座は北にあり、左側を東、右側を西と定めた。それまで行司は北側に控えていたが、南側（すなわち向正面）に控えるこ

---

1)　錦絵は主として相撲関連の文献を参考にしたが、同時に相撲博物館にもずいぶんお世話になった。閲覧だけでなく、ときには複写もお願いした。ここに改めて感謝を申し上げたい。本章で取り上げた錦絵についてはその出典と掲載ページを示してあるので、直に確認することができる。相撲博物館所蔵の錦絵や私個人所蔵の錦絵についてはそのことを記してある。

2)　天覧相撲や御前相撲の四本柱は基本的に赤色か紅白色である。しかし、四色の四本柱が使われることもあり、その場合は本章でも調査の対象としている。

とになった。四本柱の色の配置に変更はなく、その配置は江戸時代から現在まで続いている。

(4)　錦絵の中に赤い揚巻を描いたものがある。たとえば、明治24年1月、明治32年2月、明治42年6月、明治45年1月の土俵を描いた錦絵である。その揚巻の色は事実を反映したものだろうか。本章では、それは事実に反すると指摘する。

　錦絵で四本柱の色の配色と揚巻を調べるときは、大体、次の点に注意する。[3]

(1)　四本柱の色の配色は黒色を起点にし、右回りに青色、赤色、白色の順になっているかを確認する。
(2)　土俵の正面や方位を確認する。明治42年5月の国技会館開館時まで正面は南側であったが、それ以降は北側が正面である。
(3)　明治10年代中期から明治42年6月までは正面の位置を確認しにくいが、赤柱と白柱を結ぶ線の方位を南側として捉える。
(4)　土俵の方位と四本柱の色の配色を確認する。四本柱の色の配色は正しいが、その配色が方位と一致していないこともある。
(5)　幕内土俵入りで行司がどの方向を向いているかを確認する。背中を見せ、顔を向けている方位が正面である。背中の方は北側である。
(6)　幕内土俵入りの際、東西の力士がどの色の四本柱の間から上がり下りするかを確認する。錦絵では東西をそれぞれ結ぶ柱の色が異なっていることがある。

---

　3)　視点をどこに置くかで注意すべきことは他にもあるし、調べたい目的によっても視点は異なる。錦絵の中には四本柱がまったく描かれていないものがあるし、描いてあってもその色や配色の位置を判別できないこともある。そのような錦絵は本章では対象から除外してある。錦絵は確かにたくさんあるが、対象となる錦絵はおのずと限定されることになる。

(7)　横綱土俵入りで横綱と行司が共に正面を向いているかを確認する。顔を向いているほうが正面である。

(8)　明治23年5月場所を境とし、揚巻の有無を確認する。その以前には揚巻は描かれていないが、以降であればそれが描かれている。

(9)　四本柱の色と左側の揚巻の色が一致するか否かを確認する。四色の四本柱が描かれていれば､柱の左側の揚巻はその柱の色と同じである。

錦絵を調べていくと、中には土俵上の事実を必ずしも描いていないことがある。錦絵が事実を描いているのか、そうでないかを見極めるには、明確な視点が必要になる。錦絵が事実を間違いなく描いているという前提に立つと、四本柱の色の配色や揚巻の色を誤解する恐れがある。錦絵はウソをつくことがあることも認めなくてはならない。

なお、四本柱の色については拙稿「四本柱の色」(『専修経営学論集』第81号、2005年11月）や「明治時代の四本柱の四色」(『専修大学人文科学年報』第41号、2011年3月）でも扱っている。本場所では明治時代も四色の四本柱をずっと継続して使用していたことを錦絵や文献を活用して指摘してある。香山磐根筆「相撲錦絵の吟味―四本柱の色の変遷(上､中､下)」(『相撲趣味』第88号､第89号､第92号､昭和60年4月､昭和60年8月､昭和61年11月）で、明治18年ないし24年頃から四本柱の色は赤ないし紅白であり､四色の四本柱は使われなかったと指摘してあるからである。つまり、拙稿では香山氏の指摘は間違っていることを主張する。本章では以前の拙稿で扱わなかったことに焦点を当て、新たな指摘もしている。

2. 揚巻の定着

幔幕の中央に掲げる揚巻は東西南北を表すシンボルである。その色に伴って四隅の色も決まる。揚巻が先にあり、柱の色は揚巻の色になぞらえたものである。しかし、明治以降の四本柱と揚巻の導入経緯を見ると、揚巻は四本柱の後で導入されている。揚巻の導入とともにその色も四本柱の色に合わせている。

四時五行説の東西南北は四方の空間（面）を表すので、柱と柱の間がその空間になる。四隅はその空間の境である。四隅の柱はそれぞれの空間を代表し、それぞれの色を表している。各空間の揚巻が東西南北を表すことになる。相撲の場合、屋形を支える四本柱があるため、その柱はそれぞれ四隅にある。その四隅の柱が四方の空間の色を表すことになる。その成立過程をみると、四本柱が揚巻より先である。

　現在、水引幕の東西南北に揚幕が吊るされている。揚巻の色はその右側の柱の色と同じである。現在の四房は昭和27年9月に四本柱が撤廃された名残であり、同年5月までは四本柱があった。本章では、便宜的に、四房の代わりに四本柱を使う。

　江戸相撲で四色の四本柱が導入されたのは安政5年春場所（1月）なので、同時に揚巻も導入されたと思いがちだが、実は、そうではないのである。それでは、いつから揚巻は導入されたのか、また揚巻の色が四本柱の

---

　4)　本章の四時五行説は「陰陽道」と密接な関連がある。相撲では四季、方位、四
　　　神などが関連するので、わかりやすくするため「四時五行説」と呼ぶことにする。
　　　陰陽では「五時」はあるが、四時はない。陰陽では青赤白黒以外に黄色があり、
　　　五色である。相撲では中央の土を黄色としている。以前はその黄色の布を土俵の
　　　屋根に括りつけることもあったらしいが、現在はそのような布を括りつけていな
　　　い。本章では四本柱の四色のみに焦点があるので、「黄色」はあたかも存在しな
　　　いかのように扱っている。
　5)　江戸相撲では天保14年（1729）の上覧相撲で四色の四本柱が見られる（酒井
　　　忠正著『日本相撲史（中）』（p.314）。なぜこの上覧相撲で四色の四本柱が立てら
　　　れたかはわからない。江戸相撲では安政5年以前には四色の四本柱はまったくと
　　　言っていいほど見られない。南部相撲では『相撲極伝之書』や『相撲故実伝記』
　　　に見られるように、延宝期にはすでに四色の四本柱が使われており、その後も継
　　　続して使われている。本章では安政5年以降の四色の四本柱を対象としている。
　　　ところで、文政6年（1823）の上覧相撲を描いた錦絵「上覧相撲会場の図」があり、
　　　それには四色の四本柱が描かれている。しかし、その四色は現在の四色と同じで
　　　はない。それで、天保14年の四色を現在と同じ色として扱う。ちなみに、その
　　　錦絵は土屋著『相撲』（2017）の口絵に相撲博物館蔵として掲載されている。京
　　　都では享保17年5月に四本柱が見られるが、これは南部相撲の形式に基づいた
　　　ものである（酒井著『日本相撲史（上）』、p.96）。

色と一致するようになったのだろうか。勧進相撲に限定すれば、その導入は明治時代に入ってからである。導入と同時にその色も四本柱の色と一致している。もちろん、四本柱の四色が導入されたのは江戸時代である。

　江戸時代には四色の四本柱が描かれていても、揚巻が描かれていない。明治 20 年代になって初めて、揚巻が描かれている錦絵が見つかる。つまり、20 年代以前の錦絵には揚巻が描かれていない[6]。

　行司に関する研究のため明治時代の新聞を調べていたとき、幸いにも『東京朝日新聞』（明治 23 年 5 月 27 日）に次のような記事があるのを見つけた[7]。

・『東京朝日新聞』（明治 23 年 5 月 27 日）の「大相撲」
　「（前略）偕行社相撲天覧の節賜りたる目録を以て調整したる紫縮緬に桜花と山道とを染め抜きたる天幕を四本柱に張り出し紅白青黒四色の総角（揚巻：本章）を以て絞りあげしは頗ぶる美ごとなりし（後略）」

　この記事では同年 5 月場所で揚巻が柱の色と同じになったと書いてあるが、それがその場所で初めて導入されたのかどうかは必ずしも明らかでない。それを確認するために当時の錦絵を調べてみることにした。その結果、やはり明治 23 年 5 月場所で揚巻も導入され、その色も四本柱の色と一致していることがわかった。それでは、揚巻の有無と揚巻が右側の四本柱の色と一致するかどうかを確認するために、明治 18 年頃から 25 年頃まで

---

6)　江戸期の上覧相撲や明治期の天覧相撲ではときどき水引幕（幔幕）の上に注連縄や飾り房（慶事の赤や最高位の紫など）が吊るされている。しかし、その飾りものは現在のように四季や四神を表すシンボルではない。またその飾りものは常に吊るされていたわけでもない。したがって、四季とは関係ない絞り房ということになる。

7)　この記事の偕行社相撲は 2 月 15 日に行われた相撲を指していると思われるが、『東京朝日新聞』（2 月 16 日）には相撲の勝敗結果だけが記されてあり、揚巻や四本柱については何も言及されていない。もしかすると、他日の新聞に触れているかもしれない。いずれにしても、偕行社相撲の「目録」があったようだ。

の錦絵を調べてみよう。

(1)　明治 18 年 4 月、錦絵「大相撲取組之図」、国明画、版元・松木平吉、
　　別冊相撲秋季号『国技相撲の歴史』（昭和 52 年 10 月、pp.132-3）。
　　　大達と剣山の取組。明治 18 年 4 月番付と一致。揚巻はない。

(2)　明治 19 年 5 月、「宿祢神社祭典大相撲之図」、国明画、版元・大黒
　　屋平吉、個人所蔵／相撲博物館蔵。
　　　大達と剣山の取組、水引幕はあるが揚巻はない。四本柱はすべて紅
　　白の交互巻き模様。

(3)　明治 20 年 2 月、「華族会館角觝之図」、国明筆、版元・松木平吉、
　　博物館蔵。
　　　大達と剣山の取組。四本柱はすべて紅白。水引幕はあるが揚巻はな
　　い。

(4)　明治 20 年 12 月、「弥生神社天覧角觝之図」、国明画、版元・松木平吉、
　　酒井著『日本相撲史（中）』（p.87）。
　　　西ノ海と剣山の取組。天幕はあるが揚巻はない。四本柱の上部はす
　　べて白色。

(5)　「明治 20 年頃の回向院相撲場」（キャプション）の白黒写真、風
　　見著『相撲、国技となる』（2002）の 46 ページに掲載されている。
　　　天幕には揚巻は一つも吊るされていない。四本柱の色は不鮮明であ
　　る。根元がどの柱も黒いので、上部にも色の区別はあったかもしれな
　　い。揚巻が吊るされていないことから、明治 23 年 5 月以前に映した
　　写真である。

(6)　明治 21 年 1 月、「弥生神社天覧角觝之図」、国明画、版元・山本与一、
　　酒井著『日本相撲史（中）』（p.92）。

　　西ノ海と海山の取組。天幕はあるが揚巻はない。四本柱はすべて赤色（推定）。

(7)　明治 21 年 4 月、「弥生神社天覧角觝之図」、国明筆、版元・松木平吉、相撲博物館蔵。
　　　一ノ矢と大鳴門の取組。図柄は明治 20 年 12 月の錦絵と類似する。四本柱はすべて赤色。水引幕はあるが揚巻はない。

(8)　明治 21 年 5 月、「勧進大相撲土俵入図」、国明筆、『相撲・両国・国技館』（墨田区立図書館発行、1985〈昭和 60 年〉1 月）の表紙絵。
　　　四本柱は四色。水引幕はあるが揚巻はない。画面の力士名（東西）は明治 21 年 5 月場所と一致する。

(9)　明治 23 年 5 月、西ノ海横綱土俵入之図、春宣筆、版元・松木平吉、個人所蔵。
　　　露払い・千年川、太刀持ち・朝汐、行司・木村庄之助、呼出し・勘太。四本柱は白柱と青柱のみ。揚巻は描かれていない。

(10)　明治 23 年 5 月、西ノ海横綱土俵入之図、春宣筆、版元・松木平吉、相撲博物館。
　　　露払い・千年川、太刀持ち・綾浪、行司・庄之助。四本柱は青柱のみ。揚巻は絵が描かれていない。

(11)　明治 24 年 1 月、「天幕開大相撲土俵入図」、春宣筆、版元・松本平吉、学研『大相撲』（p.262）／個人所蔵。
　　　四本柱は四色。揚巻は赤で、両隣の黒柱や青柱の色と合致していない。

(12)　明治 24 年 1 月、「天幕開・東西共同稽古場の図」（キャプション）、春宣筆、酒井著『日本相撲史（中）』（p.108）。

四本柱は四色。揚巻は赤で、両隣の黒柱や白柱の色と合致していない。（11）の錦絵とポーズがよく似ているが、異なる錦絵である。たとえば、四本柱の色の配色や屋根の描き方は違っている。

(13) 明治24年5月、「延遼館小相撲天覧之図」、勝月画、発行者・長谷川勝次郎。

　　西ノ海横綱土俵入りの図、露払い・一ノ矢、太刀持ち・鬼ヶ谷。紫の天幕に赤の揚巻あり。

(14) 明治25年7月（9日）、銅板絵、鍋島侯爵邸（永田町）の天覧相撲、『相撲百年の歴史』（p.109）。

　　西ノ海と朝汐の取組。中央に揚巻があるが、全体がモノクロなので、四本柱や揚巻の色は不明である。しかし、色の濃淡から四本柱は四色のようだ。揚巻は黒色に近いが、どの色かはわからない。中央以外にも揚巻が吊るされていたのかどうかは不明だが、四本柱が四色であれば吊るされていたことは間違いない。この銅板絵は酒井著『日本相撲史（中）』（p.103）では明治23年1月とある。取組も小錦と八幡山となっている。揚巻が吊るされ、西ノ海が明治23年5月に横綱になっていることや揚巻があることから、明治25年7月の日付が正しい。揚巻は明治23年5月場所から始まっているからである。

　揚巻を吊るすことが明治23年5月であることを確実にするには、明治22年日付の錦絵も確認したかったが、残念ながら、そのような錦絵を見つけることができなかった。しかし、『東京朝日新聞』（明治23年5月27日）の記事に四本柱と揚巻の色が同色になったと書いてあることから、明治22年と23年春場所を描いた錦絵がこれから見つかったとしても、その錦絵には揚巻は吊るされていないはずだと判断している。酒井著『日本相撲史（中）』（p.103）に掲載されている銅版絵を明治23年1月ではなく、

明治25年7月としたのも揚巻がヒントである。[8] もしそれが正しくなければ、当時侯爵邸の相撲では四本柱の色と関係ない揚巻を吊るすのが慣わしだったということになる。

参考までに記しておくと、江戸時代の上覧相撲でも明治時代の天覧相撲でも揚巻を吊るすことはあった。その揚巻の色は四色の四本柱とは関係ないもので、赤色や紫色だった。通常の勧進相撲では水引幕（幔幕）は張ってあったが、揚巻は吊るされていなかった。たとえ揚巻が吊るされていたとしても、それは四季を表すものではなかった。四色が四本柱と揚巻で合致するようになったのは、やはり明治23年5月場所である。

3. 正面の方位と東西の方位

明治42年6月の国技館開館の時、土俵の東西南北に一部変更があった。それまでは役桟敷のある方位を南とし、その反対側の方位を北としていた。南側が正面になっていた。[9] 横綱土俵入りのとき、横綱と行司は正面を向く

8) 酒井忠正著『日本相撲史（中）』（p.103）にはこの銅版絵は明治23年1月の項で掲載されている。取組んでいる力士も小錦と小幡山となっている。銅版絵には期日や対戦力士名は記されていない。池田雅雄編『相撲百年の歴史』（p.109）には明治25年7月9日で取組んでいる力士は西ノ海と朝汐と書いてある。本章ではこの期日と対戦力士名が正しいと捉えている。根拠は期日が具体的であることと揚巻が吊るされていることである。侯爵邸の相撲では明治23年以前でも揚巻を吊るすことがあるが、それは四季や方位を表すシンボルではなかった。この銅版絵には一つしか揚巻は吊るされていないし、色も識別できないが、明治23年5月に揚巻を吊るすのが定着したことを重視し、それを四季や方位を表す揚巻と捉えることにした。

9) 役桟敷は天明期から明治30年代の錦絵で確認できる。たとえば、酒井忠正著『日本相撲史（中）』（p.147）の錦絵（明治31年頃）や『相撲』編集部編『大相撲人物大事典』（p.300）の写真（明治34年以降、具体的年月は不明）でも役桟敷が描かれている。この役桟敷がいつ頃撤廃されたかははっきりしない。明治42年1月まであったかもしれないし、それ以前には撤廃されていたのかもしれない。裏付ける資料が、今のところ、見当たらない。役桟敷の存在は特に南と北の方位を判別するのに重要である。

が、その方位は南側だった。[10]行司は北側に控えていた。現在は北側が正面になり、反対側の南は向正面となる。方位は以前と同じだが、正面の捉え方が逆になっている。行司も南側（向正面）に控えている。

　土俵の東西も現在とは異なっていた。以前は、南側の役桟敷から見て、右側が東になり、左側が西だった。現在は北を正面としているので、向かって左側が東になり、右が西になる。以前と東西が入れ替わっていることになる。そのように東西を入れ替えたのは、天皇は北を背にし、顔を南に向けて座るという古の慣わし（「天子、北を背にして南面す」という故事に由来）があるからである。

　この方位の変更に関し、当時の新聞で確認することができる。

・『東京朝日新聞』（明治 42 年 6 月 3 日）の「式前の土俵」
　「（前略）また片屋の東西はこれも古式に依りて玉座より左を東とし、その右を西と定めて以前とは正反対となれり」

　玉座は北側にあり、その方位が正面となる。玉座の左が東となり、右が西となる。現在の方位は国技館開館時に決まったのである。[11]北側を正面に

10）　これは『日本画報』（『日本』新聞定期附録第 24 号）の写真でも確認できる。横綱常陸山土俵入りと横綱大砲土俵入りで、両横綱の前方右側が白柱になっている。すなわち、白柱が正面の位置にある。写真は事実をそのまま映している。錦絵では四本柱の配色が事実に反して描かれることもあるが、写真ではそういうことがない。明治 38 年以前でも白柱が映っている写真はあるが、その白柱が正面の左側にあることがはっきりしない。横綱土俵入りを映した写真があれば、横綱が土俵中央で前を向き、その右手に白柱があるのを確認すればよい。横綱が二字口近くにいた場合、どの方位なのかを確認することが難しいことがある。

11）　寛政 3 年 6 月の上覧相撲の際、吉田追風が上申した書付にも正面から見て左を東、右を西としている。しかし、勧進相撲でも、上覧相撲のように、正面を先に決め、その左を東、右を西と決めていたのかははっきりしない。安政 5 年以前の四本柱は赤色が基本だが、土俵を描いている錦絵を見ると、役桟敷のある方位が南、その南から見た右手が東、左手が西の方位を示す傾向があるが、それに反する描き方をしている錦絵もたくさんある。そのギャップが絵師の想像力によるものなの

すると、南側は向正面となる。それまでは役桟敷のある南側が正面となり、北側は向正面となる。東西と「正面」の位置が入れ替わったことになる。[12)]

　東西と正面の位置が違っても、四本柱の配色は以前と同じように方位は同じだった。黒柱は北、青柱は東、赤柱は南、白柱は西だった。したがって、土俵の東は青柱と赤柱を結ぶ線であり、西は黒柱と白柱を結ぶ線だが、東西は以前と同じである。以前は正面の位置が違うため、正面の四本柱の配色が異なることになる。つまり、以前は南側を正面とするので、赤柱と白柱を結ぶ線が正面となるが、国技館開館以降の正面は黒柱と青柱を結ぶ線となる。

4. 四本柱の色の配色

　四本柱の配色は開館時に変更になったのではなく、それ以前と変わりはない。それが確認できる根拠の一つは水引幕の巻き方にある。つまり、水引幕を巻き始めるのは黒柱に始まり、青柱、赤柱、白柱と順に張り巡らし、最後には必ず黒柱に張るように決まっていた。これはずっと以前から決ま

　　か、事実を正しく反映しているものなのか、まだ明白になっていない。これは本
　　章の趣旨とそれるので、稿を改めて扱うことにする。
12)　この場所から大きく変わったのは正面の位置である。それまでは南（役桟敷の
　　ある方位）が正面だったが、この場所から北側が正面に変わった。正面の位置が
　　変わり、それぞれの位置から左右の方位をきめるとすればその方位も変わること
　　になる。たとえば、行司が以前は北に控え、この場所から南に控えるようになっ
　　たというのは、正面の位置が逆になったからである。しかし、四本柱の色や配色
　　は変わらなかったので、行司は赤柱と白柱を結ぶ線のたまり場に控えている。『時
　　事新報』(明治 42 年 5 月 25 日) の「常設館の内容―土俵と屋形」と『東京日日新聞』
　　(明治 42 年 6 月 2 日) の「常設大相撲場―土俵と力士溜り」に「(前略) 力士溜
　　り及び行司溜りは旧の如し」とあるが、それは見方によって解釈が異なる。行司
　　の場合は控える場所が南から北に変わっているが、四本柱の色の配色だけを見れ
　　ば異なっている。力士溜りは東西入れ変わっているので、控える方位も変わる。
　　したがって、東や西の四本柱の配色も変わる。四本柱の色と配色は同じであるこ
　　とから、それに応じて配色も変わることになる。

っていて、現在まで続いている。水引幕の張り方については、たとえば、次のような記述で確認できる。

(1) 『相撲家伝鈔』（正徳 4 年〈1714〉）
　　「水引の因縁は黒き布を北の柱から巻き始め、北の柱にて巻き納める。黒きは易にて水を象る。水は物を清浄する謂れにて水引と申すなり」

(2) 『古今相撲大全（下巻)』（宝暦 13 年〈1763〉）
　　「四本柱の上に水引幕を張る。これもはなはだ習いあることなり。北方は陰にて水徳をつかさどる。水の縁により北より張って北に張り納める。幕の地絹、染め色、あるいは模様等などのことは、古今ともに風流にまかす」

(3) 式守蝸牛著『相撲穏雲解』（寛政 5 年〈1793〉）
　　「水引は黒、赤、黄三色の色の絹をもって北の柱より巻き始め、北の柱へ巻き納める。出る人、入る人を清める心なり。北を極陰という。相撲にこれを役柱と名づけ、俵をもって形となすは、五穀成就のまつりごとなり」

　水引幕は北柱より巻き始め、東柱、赤柱、西柱の順に張り、北柱に巻き納める。相撲の古書などを見ても、この順序は守られている。たとえば、『相撲家伝鈔』（正徳 4 年）から現在まで文献では水引幕の巻き方は不変である。[13]そうであれば、土俵上の四本柱の色も青赤白黒という配色はずっと守られてきたに違いない。
　四本柱の色の配色が一定だった根拠としてはもう一つある。それは天保

---

13) 相撲の水引幕は易に基づいていると言われているので、易に基づいた幔幕の巻き方がどの幔幕の張り方にも適用されるはずだと想定しているが、それが正しい想定なのかどうかはわからない。相撲以外の幔幕の張り方が一定の順序に従っているのかどうかは確認していない。

4 年（1833）以降、回向院の境内で相撲が行われたことである。[14] 同じ相撲場であれば、四本柱の配色も一定だったと想定するのが自然である。同じ場所で相撲を行うのにその配色がときどき変わっていたという見方ももちろんありうるが、伝統や故実を重んじる相撲の世界で土俵を設営するとき、四本柱の配色を任意に変えるというのは不自然である。水引幕を張るのに一定の手順が延々と受け継がれているように、定場所の四本柱の配色も延々と受け継がれてきたに違いない。[15] それは現在の国技館でも受け継がれている。[16]

　ところが、土俵の四本柱を描いてある錦絵を見ると、明治時代だけでもその配色が一定の順序になっていないものがある。つまり、柱の配色が混在する錦絵がある。そのような例をいくつか示す。

(a)　「勧進大相撲土俵入図」、明治 9 年夏場所、国明筆、『図録「日本相撲史」総覧』（pp.38-9）。

---

14)　回向院が相撲の定場所になったのは天保 4 年 (1833) で、明治 42 年春場所まで続いた。安政 5 年春場所に四色の四本柱が導入されているので、その配色もずっと変更されていないはずだ。本章ではその前提の下で四本柱の色とその配列を進めている。

15)　現在、水引幕の色にはそれを反映する故実はない。しかし、巻き方と同様に、かつては故実があったかもしれない。南部相撲の『相撲極伝之書』の「遊戯相撲」（別名勧進相撲）の項では、水引幕は五色の布を張っていたし、江戸相撲でもかつては四時五行説の色を使用していた。色の種類や数は時の経過とともに変化している。現在では紫の布を張り巡らしているが、これは四時五行説の色ではない。水引幕の色の変遷は錦絵などで容易に確認できるが、その色が故実に基づいているかどうかは不明である。

16)　本章ではまったく触れないが、弓・弦・扇子を括り付ける柱の方位も以前は決まっていた。出掛けと言って、呼出しが最初に力士を呼び出す方位の柱に括りつけることもあった。つまり、日ごとに交互に括りつけるが変わるのである。もし柱の配色と方位が定まっていなかったならば、場所ごとにそれを括りつける柱を定めなくてはならない。また、土俵の柱を背に座る親方も場所ごとにどの方位にすわるかで戸惑うことになる。四本柱の配色と方位が定まっていれば、このような問題は起きない。

正面（南）の左側は赤柱、右側は青柱である。北の左側は白柱、右側は黒柱である。黒柱を起点にすれば、右回りに白柱、赤柱、青柱の順になる。揚巻は吊るされていない。この錦絵の問題は四本柱の配列が本来の配列と異なることである。四本柱の配列が異なれば、それに伴って東西の柱の色も異なる。

(b) 「天幕開・東西共同稽古場の図」（キャプション）、春宣筆、明治24年1月、酒井著『日本相撲史（中）』(p.108)。

　　四本柱は四色で、揚巻は赤になっている。揚巻の色は両隣の黒柱と白柱の色と一致していない。それが問題である。この錦絵は「天幕開大相撲土俵入図」とよく似ているが、四本柱の配列は同じではない。また、土俵入りする東西の配色も異なる。

(c) 「方屋開執行之図」、明治31年5月、行司・木村庄之助、学研『大相撲』(pp.68-9)。

　　左側に青柱があり、右側に黒柱がある。その中間に青い揚巻が吊るされている。揚巻は右側の黒柱の色と一致するはずだが、錦絵では左側の青柱に一致している。赤柱と白柱は描かれていないので、四本柱の色の配列は不明である。この錦絵で問題になるのは揚巻が青色である。

(d) 「勧進大相撲土俵入之図」、明治32年9月、玉波画、版元・松木平吉、個人所蔵。

　　画面の力士名は明治34年1月場所の番付と一致するので、明治32年9月にも類似の錦絵があるかもしれない。この錦絵で問題になるのは、四本柱の配色が本来の配列と異なることである。南（正面）の左側は青柱、右側が白柱になっている。北も左側が黒柱、右側は赤柱となっている。黒柱を起点にすれば、右回りに青柱、白柱、赤柱の順になっている。この配列が問題となる。

　そのような錦絵をどう捉えればよいだろうか。本章ではそのような絵は本場所の事実を正しく描いていないものとして捉えている。四本柱の四色には配列の順序があり、本場所ではそれを常に守っていたと理解しているからである。その理解が間違っていたら、水引幕の巻き方も常に守られていなかったことになるし、四色の配列にも一定の順序がなかったことになる。

　このような配色があったのかとなると、大いに疑問がわく。水引幕の巻き方が守られていないからである。黒柱は北を表すので、それを起点に方位を予測できる。水引幕は右回りなので、その次は青柱、その次は赤柱、その次は白柱、最後は黒柱に戻る。そうでない錦絵は土俵上の四本柱の配色に反し、事実を描いていないことになる。なぜそのような錦絵になっているかは、絵師が独自の視点から錦絵を描いているからである。絵師は土俵場を写真のように、常にありのまま描くわけではない。おそらく事実に反することを承知していても、別に強調したいことがあればそれを強調して描くこともある。

　たとえば、本来なら、幕内土俵入りの場合、画面では決まって東西に描いてある。しかし、東方力士は青柱と赤柱の間からでなく、青柱と黒柱から上がり下りしている。同様に、西方力士は黒柱と白柱の間からではなく、白柱と赤柱の間から上がり下りしている。正面の南側の四本柱の配色も白柱と赤柱を結ぶ線とは限らない。赤柱と青柱になっていることもある。このように、配色がさまざまに描かれているが、土俵の配色もそれに応じてさまざまだったかとなると、そうではないのである。配色は一定だったが、絵師が自由に配色しているだけである。

　香山氏は江戸末期の錦絵を詳しく調べ、次のように述べている。

・「相撲錦絵の吟味―四本柱の色の変遷（上）」（『相撲趣味』第 88 号、昭和 60 年 4 月号）
　「このように錦絵からみた四本柱の四色の配色は、都合四種類もあって必ずしも統一されていないので、軽々しく結論は出せないが、故実と称してもっともらしい意義付けを必要としなかった時代には、或い

は四本柱の色の配色は、基本的な配色がありながらも、時として恣意的に扱われることもあったのではあるまいか。」(p.34)

　江戸末期に故実を守らなかったために四本柱の色の配色にもそれが反映されているようだと香山氏は述べている。この指摘が正しいかどうかはもっと検討すべきかもしれないが、本章では別の視点から配色には一定の決まりがあり、それは土俵では守られていると指摘している。たまたま錦絵には四本柱の色がその決まりに反することもあるが、それは絵師の自由な判断によるものである。つまり、錦絵は必ずしも事実を反映していないこともある[17]。

　明治時代の錦絵でも、江戸時代の錦絵同様に、配色が一定でないものがいくつか見られる。錦絵だけを見る限り、四本柱の色の配色は守られていないことは確かだ。その錦絵は土俵上の四本柱の色を間違いなく描いているのだろうかと問う必要がある。これまで指摘したように、水引幕の巻き方は故実どおりに守られてきた。それは時代を問わず、相撲の文献で確認できる。また、錦絵は四本柱の色の配色を正しく描いているものが大多数である。配色が異なるのは例外的であり、かなり少ない。このことは土俵上では四本柱の色の配色はずっと守られていたと判断してよい[18]。

---

17)　安政5年春場所に四色の四本柱が導入された後、しばらくは従来の赤色の四本柱が使用されたかもしれない。何時ごろ定着したかはわからない。しかし、四色の四本柱と配列が定着してからは、回向院では混乱はなかったはずだ。明治になってからは回向院の土俵では四本柱がずっと使用されていたと本章では想定している。本章は主として明治10年代後半以降の四本柱の色について調べている。もちろん、天覧相撲、侯爵邸の相撲、寺社相撲などでは明治以降でも赤色や紅白色の四本柱が使用されていた。

18)　四色の四本柱が使われてさえいたら、その柱が四方位に関係なくどの方位でもよいという考えはなかったはずだ。四本柱を導入したとき、方位と色の関係は十分認識していたと想定するのが自然である。この想定が間違っているとすれば、いつの時点で四本柱の配色が方位と一致するようになったかを改めて調べ直さなくてはならない。

5.　揚巻が赤色の錦絵

　四本柱は四色だが、揚巻の色がすべて赤になっている錦絵がある。しかも、揚巻の赤色は両隣の柱のいずれかの色とも合致しない。なぜそのような赤色の揚巻が吊るされているのだろうか。それは土俵の事実を正しく反映しているのだろうか。それとも赤色の揚巻を吊るす特別の理由があったのだろうか。本章では、その赤い揚巻は事実に即していないものとして捉えている。つまり、絵師が見栄えや他の理由から事実と違う色で描いたに違いない。そう理解する大きな理由は四本柱の色の配色が基本的な配列になっていないからである。代表的な錦絵を 4 つ示す。

(1)　「天幕開大相撲土俵入図」、春宣筆、明治 24 年 1 月、版元・松本平吉、
　　　学研『大相撲』(p.262)。
　　　四本柱は四色で、中央に赤い揚巻が吊るされている。揚巻の右側の柱は黒色で、左側は青色である。つまり、揚巻は両隣の柱の色のいずれとも一致していない。四本柱の色の配色や東西南北の方位も基本的である。南側に役桟敷があり、行司も正面を向いている。土俵入りする力士が上がり下りする東西も基本的である。要するに、中央の赤い揚巻だけが基本的な配列になっていない。
　　　この天幕開きは雨が降っても稽古ができるように設営した記念すべき土俵場だったので、それを祝して揚巻の色を赤にしたのだろうか。つまりこの赤い揚巻は慶事を表すシンボルなのだろうか。当時は四本柱の色とは関係なく、慶事を表すために赤い揚巻を吊るしたかもしれないと最初は理解していたが、やはりこの揚巻は絵師の慶事を祝う気持ちを反映したものであり、事実とは違うものだと理解するようになった。
　　　その大きな理由は、四色の四本柱であれば揚巻の色もそれに合わせるのが自然だからである。しかも、その会場は回向院境内であり、本場所はそこで行われていた。たとえ天幕を設営することが祝うべき出

来事であったにしても、四色の伝統を破り、赤い揚巻を吊るす必然性はない。しかも勧進相撲で揚巻を吊るすようになったのは昨年度（つまり明治23年5月）である。

(2)　「相撲場の絵」（表紙絵）、『風俗画報』、明治32年2月号、『大相撲グラフィティー』（p.34）。

　　この絵図は色彩豊かで他の錦絵と遜色ないので、便宜的に錦絵の一つとして捉えることにする。四本柱は四色だが、四方位に赤い揚巻が吊るされている。四本柱の色の配列は基本に叶っていない。黒柱を起点にし、右回りに白柱、青柱、赤柱の順になっている。白柱は目立つように黒い線を入れて描いてある。

　　当時話題のある雑誌の表紙を飾っているので、土俵も事実に即して描いてあるはずだと理解していたが、それは間違った思い込みだった。四本柱の色の配色が基本に叶っていないし、柱の色に関係なくどの方位にも赤い揚巻が吊るされているからである。しかも、この錦絵は回向院の通常の本場所を描いている。当時、通常の相撲場では四色の四本柱を立て、四方位には四色の揚巻を吊るしていた。

(3)　「国技館大相撲土俵入之図」、玉波画、明治42年6月、版元・松木平吉、学研『大相撲』（p.263）。

　　四本柱は四色。中央の揚巻は赤色で、両隣の白柱と黒柱のいずれとも合致しない。赤柱と白柱の間に緑色（青）の揚巻らしいものが見られる。これは揚巻が四色だったことを示唆しているのかもしれない。『東京朝日新聞』（明治42年6月3日）の「式前の土俵」や吉田長孝著『原点に還れ』（p.64）によると、弓具一式が南の柱（すなわち赤柱）に括り付けてあるが、この錦絵ではそれを明確に確認できない[19]。行司は正面を向いて描かれているが、向いている方位は南（向正面）では

---

19)　弓具一式を赤柱に括り付けるのは珍しいことである。これは普通、出掛けの青柱か白柱に括り付ける。

ない。それは行司の両隣の柱の色でわかる。本来なら、行司は白柱と赤柱のあいだで蹲踞すべきである。これは四色の四本柱の方位を正しく描いていないだけでなく、土俵入りする力士を画面の東西に来るように描いているからである。この錦絵の四色の四本柱の方位は間違っていない。

　四本柱は四色だが、その配列は基本に叶っている。[20] しかし、土俵入りする力士が上がり下りする東西は基本に叶っていない。東方の力士は黒柱と青柱の間から、また西方の力士は白柱と赤柱の間から上がり下りしている。当時は現在と異なり、土俵入りではそのように上がり下りをしたのだろうか。行司が正面を向いて北側の二字口に控えているのを考慮すると、当時は現在と異なる位置から上がり下りしたかもしれない。行司が土俵入りの前にその位置に控えていれば、力士の上がり下りに邪魔になるからである。その辺のことがはっきりしないので、力士の上がり下りが間違っているとは断言できない。

　中央には赤い揚巻が吊るされている。それは両隣の柱の色と合致しない。国技館開館は記念すべき出来事だったので、慶事の意味を表すため赤い揚巻を吊るしたかもしれない。それにしては、右側に青色（緑色）の房らしきものが吊るされている。これは両隣の柱の色と合致しないが、何か意味がありそうである。赤い揚巻と青い房の正体が気になり、当時の新聞を調べてみた。

　国技館内の様子を描いた新聞の記事には「揚巻」という言葉はない。

・『東京朝日新聞』（明治 42 年 6 月 3 日）の「式前の土俵」
　「破風造り土俵の屋形の軒下には紫の幔幕の上に注連縄を張り、二本柱（四本柱：本書注）には紅白萌黄黒の布を用い、弓・弦・扇を束ね

---

20)　東京日日新聞（明治 42 年 6 月 2 日）の「土俵と力士溜り」には「四本柱には青黄黒白の布を巻き」とあるが、残念ながら揚巻の色については記述がない。そのため、錦絵で中央の揚巻が赤色であることの是非は文字資料ではわからない。

て南の柱に結び付け、正面玉座の下には例の優勝旗を掲げ、また東の花道には黄菊と葵の花、西の花道には桜と夕顔の花を立て連ねたるは華麗なり」

　記事の中に「幔幕の上に注連縄を張り」という表現あるが、それが「揚巻」のことを指しているのか、幔幕の上から垂らす「注連縄」（つまり幣の垂れ）を指しているのかはっきりしない。当時でも「揚巻」（総巻）という言葉は見られるので、揚巻のことを「注連縄」と混同することはないはずだ。揚巻の他に注連縄が張ってあるはずだと思い、写真も調べてみたが注連縄らしいものは映っていない。写真は事実をそのまま映すので、「注連縄」は幔幕の上には張っていなかったことになる。注連縄なら、四色に染めてないはずなので、白色のまま映ってもよさそうである。

　吉田長孝著『原点に還れ』にも国技館内の様子を描いた記述があるが、『東京朝日新聞』（明治42年6月3日）の記事とほとんど同じである。

・吉田長孝著『原点に還れ』

　「式前の土俵は、破風造りの屋形の軒下には、紫の幔幕の上に注連縄を張り、柱には紅、白、萌黄、黒の布を用い、弓、弦、扇を束ねて南の柱に結び付け、相撲協会の徽章である桜花を本金で現わし、各辺とともに幅一寸（約三センチ）の金モールをつけ、廻りには紫の房をつけた。また東の花道には黄菊と葵の花、西の花道には桜と夕顔の花が備えてある」（p.64）

---

21)　詳しいことはわからないが、紙垂や幣の垂れを注連縄の一種とみることもあるらしい。錦絵でも水引幕の上部に注連縄や紙垂といった飾り物は描かれていない。少なくとも明確に指摘できるような描き方はされていない。幔幕の上には正面に赤い絞り房、右側に緑の絞り房らしいものがあるだけで、注連縄らしいものはない。写真でも幔幕の上部に注連縄らしいものは映っていない。今のところ、新聞記事にある「注連縄」が本当に注連縄（つまり幣の垂れか紙垂）だったのか、それとも揚巻のことなのか、はっきりしない。たとえ注連縄があったとしても、それ以外にも揚巻が四方位に吊るされていることは確かだ。

　この記述でも「紫の幔幕の上に注連縄を張り」となっている。『東京朝日新聞』の記事と異なるのは、「各辺とともに（中略）廻りに紫の房をつけた」という記述である。これが何を指しているかはっきりしないが、幔幕の上から張る「注連縄」とは別物かもしれない。この二つの記述では「注連縄」が「揚巻」と同じものなのか、それとも異なるものか判別できない。これはいわゆる「紙垂」や「八垂」のような注連縄を指しているかもしれない。幔幕の上からぶら下げる「八垂注連縄」に関しては、たとえば、彦山著『土俵場規範』（p.84）や笠置山著『相撲典範』（p.132）などにも言及されている。

・『東京日日新聞』（明治 42 年 6 月 3 日）の「唯見の人の山」
　「（前略）破風造り四本柱の土俵は一段高く、柱は下半はすべて赤布を巻き、上半は赤白黒青の四色を巻き、上には桜花染め抜きの紫幔幕を絞る」

　この記事では「紫幔幕を絞る」という表現になっている。幔幕の中央を絞ったことは確かだが、「何で」絞ったのかが不明である。つまり、揚巻なのか、注連縄なのか、それとも別物なのかがわからない。本章では「揚巻」で絞ったと解釈している。というのは、当時の新聞で土俵上の様子を写し

---

22)　加藤隆世著『明治時代の大相撲』（p.426）にもやはり「注連縄」となっている。吉田長孝著『原点に還れ』（p.64）にしてもこの『明治時代の大相撲』（p.426）にしても、『東京朝日新聞』（明治 42 年 6 月 3 日）の記事とほとんど同じである。どの記述にも「注連縄」が使われているので、それが水引幕の上にから張ってあったかもしれない。開館時の模様を描いた錦絵にも注連縄らしきものは描かれてないし、当時の新聞に掲載されている写真をみてもやはり注連縄らしきものは映ってない。もし幔幕の中央に注連縄を「張った」なら、特に写真ではそれがはっきり写っているはずである。写真では「揚巻」は四方位に吊るされているのを明確に確認できるが、注連縄は確認できない。この「注連縄」については文字通り「注連縄」を指しているのか、それとも「揚巻」のことを指しているのか、それとも「御幣の一種」を指しているのか、検討する必要があるかもしれない。

た写真を調べてみると、幕の下に有色の房を確認できるからである。紫の幔幕に垂らす注連縄（幣の垂れ）をわざわざ有色に染めることはしないはずだ。

　錦絵では白柱の左隣の揚巻は赤色になっている。揚巻の左側の柱の色は白である。この揚巻の色は事実を正しく描いているかどうかに興味を持ち、それを確かめるために当時の新聞や写真を調べてみた。新聞や活字版の文献ではそれを確認できなかったが、写真が新聞にあることから、色の判別はその写真で簡単に解決できるはずだ。そう思って、新聞の写真を調べてみたが、事態は混迷するばかりである。照明が薄暗くて、幔幕から垂れ下がっている房を一見すると、すべて有色に映っているのである。赤房、黒房、青房の三色は色の濃淡では判別できない。白色なら、照明が薄暗くても、色の濃淡である程度判別できるかもしれない。

　マイクロ版の写真ではその判別が簡単にいかなかったので、新聞の原紙で確認することにした。特別の許可を受け、その原紙を見せてもらったところ、白柱の左側の房色は「白」らしいと判別できた。照明が薄暗くて揚巻の色は必ずしも鮮明だとは言えないが、柱の上に映っている幔幕の下方部の映り具合と房の映り具合を比較すると、房の色は「白」だと判別して間違いなさそうである。白以外の三色はすべて「有色」で映っているが、白房らしい房はその有色の度合いが薄く映っている。絶対に「白色」だと断言できないが、他の三色と比べれば映り具合が「異なる」のである。このことから、錦絵の中央の「赤い」揚巻は、事実に即していないものと判断してよい。画面の右側に描かれている「青色」の房らしいものもその色の房があったことを暗示しているかもしれない。

　このように見てくると、揚巻の色に関する限り、事実を正しく描いていないと言ってよいはずだ。

(4)　「国技館大相撲土俵入之図」、玉波画、明治45年1月、版元・松木平吉、個人所蔵。

　　　この錦絵は(3)の錦絵と図柄が類似するが、時代を反映して少し改変されている。たとえば、行司の装束が直垂になり、烏帽子をかぶっ

ている。土俵上の行司も木村庄三郎ではなく、式守伊之助になっている。行司溜まりには木村進も控えている。この錦絵が明治 45 年 2 月に描かれているのは確かである。しかし、図柄は明治 42 年 6 月の錦絵と類似していることも確かだ。

　四本柱は四色だが、柱の配列は黒を起点にすれば、右回りに赤柱、青柱（緑柱）、白柱の順になっている。配色は通常の配色と異なる。例えば、黒柱と青柱の間には赤柱があるし、青柱と白柱が隣り合うこともない。配色だけを見ても、事実に即していないと判断してよい。明治 42 年の四本柱の配列とも異なる。青柱の左隣の揚巻は緑として確認できるので、四方向に揚巻が吊るされていたに違いない。この緑の揚巻から明治 42 年 6 月の青房らしいものと思われていたものは、実は揚巻だったことがわかる。中央の揚巻の色が赤になっているのは、事実に即しているだろうか。本章ではそうでないと解釈している。右隣りの白柱の色と一致しないからである。絵師が見栄えをよくするためにあえて赤色に描いたに違いない。さらに、明治 45 年 2 月には特に記念すべき出来事はなかったので、慶事のシンボルとしての赤色でもない。通常の国技館であれば、白い揚巻を描くのが自然である。

　このように、錦絵には事実に反した四本柱の配列にしたり、四本柱と揚巻の色が異なっていたりすることもある。ここで取り上げた錦絵は相撲の本などではよく見かけるので、特別に取り上げることにした。錦絵は当時の相撲場を正しく描いているに違いないと思いがちだが、それは誤った思い込みの場合もあることを指摘しておきたい。明治 30 年代後半になると、錦絵と写真を比較してみるのも大切である。

6.　今後の課題

　本章では次のようなことを指摘している。

(1)　四色の四本柱は天保 4 年春場所以降その配色は変わっていない。[23]　錦絵の中にはそれに反する配色が描かれているものがあるが、それは事実を正しく描いていない。

(2)　四色の四本柱の配色が一定である根拠の一つは、水引幕の張り方である。黒柱（北）から巻き始め、右回りに青柱（東）、赤柱（南）、白柱（西）の順に進み、最後に黒柱（北）で巻き納めるからである。この巻き順は昔から変わっていない。

(3)　錦絵「天幕開大相撲土俵入図」（春宣筆、明治 24 年 1 月）と「国技館大相撲土俵入之図」（玉波画、明治 42 年 6 月）では中央の揚巻が赤色で描かれているが、それは土俵の事実を正しく描いていない。

(4)　揚巻を導入したのは明治 23 年 5 月場所である。揚巻の色と右隣りの柱の色は同じである。

(5)　四本柱より揚巻のほうが四時五行説に叶う色を表す。しかし、屋形を支える四本柱が揚巻よりも先に必要だったので、四隅の四本柱が方位の色を表すシンボルとなった。土俵では揚巻は四本柱の後で導入されたが、本来は揚巻が方位の色を表すシンボルである。

　本章では錦絵や文献を活用していくつか新しいことを指摘しているが、本章の指摘は間違った前提の上でなされているかもしれない。本章の前提が崩れると、指摘していることも崩れてしまう。その前提の妥当性も吟味する必要があるかもしれない。

---

23)　文政 6 年 4 月の上覧相撲でも現在の色と異なる四色の柱が立てられている。色の違いは別にして、「四色」がその上覧相撲から始まったという立場にすれば、なぜ勧進相撲では安政 5 年 1 月まで赤色だったか、また現在の四色に変更したのはいつからか、なぜそうなったのかを解明しなければならない。文政 11 年の上覧相撲の四本柱の色はまだ不明である。

第6章　四本柱の色と相撲の種類

1. 本章の目的

本章では主として明治 18 年から 42 年までの錦絵や文字資料などを調べ、次のことを指摘する。[1]

(1)　香山磐根氏の論考「四本柱の色の変遷（下）」（昭和 61 年 11 月）ではその期間中、四本柱は紅白だったと述べているが、それは事実に反する。明治時代はその初めから変わりなく四色だった。四色は、現在と同じように、青、赤、白、黒である。[2]

(2)　半渓散史著『相撲宝鑑』（明治 27 年、p.18）や常陸山谷右衛門著『相撲大鑑』（明治 42 年、p.242）では当時、四本柱は「紅白」だったと述べているが、それは事実に合致しないものである。[3] 通常の相撲の場合、当時でも四本柱は四色だったからである。たとえば、東京日日新聞（明治 42 年 6 月 3 日）の「唯見の人の山」に「柱は下半は総て赤布を巻き、上半は赤白黒青の四色を巻き」とある。『相撲大鑑』（明治

---

1)　錦絵については公刊された相撲関連の本を参照したが、両国国技館内の相撲博物館にも随分お世話になった。ここに改めて感謝の意を表したい。

2)　香山磐根氏は四本柱に関連する論考三篇「相撲錦絵の吟味——四本柱の色の変遷（上、中、下）」（『相撲趣味』第 88 号、第 89 号、第 92 号、昭和 60 年 4 月、昭和 60 年 8 月、昭和 61 年 11 月）を発表している。

3)　明治 23 年には四本柱が四色だったことを示す文字資料もある。それは『東京朝日新聞』（明治 23 年 5 月 27 日）の「大相撲」である。この資料についてはすぐ後でも触れる。『相撲宝鑑』（明治 27 年）が当時の四本柱を紅白としていることは明らかに事実に反する。

42年）が出版された年には四本柱は四色だったのである。

(3)　勧進相撲以外の「特別な」相撲、たとえば天覧相撲、侯爵邸での相撲[4]、神社境内での相撲などでは四本柱の色は基本的に赤か紅白だったが、ときには四色もあった[5]。神社境内の相撲では赤が多いが、やはり紅白や四色も見られる。どの色を用いるかについては何らかの基準があったはずだが、その基準ははっきりしない。どの「特別な」相撲でも一貫して同じ色が使われていないからである。

(4)　明治30年代にはモノクロ写真も出始め、四本柱の方位をある程度確実に確認できるようになった。錦絵の場合、柱の色だけでは方位を必ずしも判別できなかった。絵師は柱の色と方位を事実に即して必ずしも描かなかったからである。

(5)　通常の相撲である勧進相撲では四本柱の色は四時五行説に基づき、四季や方位を表しているが、特別相撲である天覧相撲などの紅白や赤は四時五行説と関係ない色を表していたようだ。紅白や赤は慶事を表すシンボルとして捉えているからである。

　本章では大阪相撲の四本柱については基本的に触れないが、江戸相撲と合併したときの四本柱については例外的に触れることもある[6]。なお、本章

---

4)　明治時代の政府高官、貴族、華族などの身分呼称は複雑なので、本章では相撲を私邸や別邸で開催した侯爵や公爵などをすべてまとめて「侯爵」と呼ぶことにする。

5)　色が「紅白」というとき、それは「紅色の布」（「赤色の布」）と白色の布で柱の上部部分を段だら模様に巻いたことを意味している。また、「四色」というときは、青色、赤色、白色、黒色の布でそれぞれ1本の柱を巻いたことを意味している。なお、本章では本来の「朱色」も「赤色」として表している。

6)　大阪相撲では「通常の」相撲を描いた錦絵の四本柱は四色、紅白、赤のいずれかで描かれている。事例は、たとえば、学研『大相撲』（pp.152-7）でもいくつ

では相撲の種類を区別する。つまり、本場所を中心としたいわゆる勧進相撲を「通常の」相撲とし、それ以外の相撲を「特別な」相撲とする。相撲の種類と色の使い分けには密接な関係があるからである。

四本柱の色については拙稿『四本柱の色』（『専修人文論集』第 81 号、2005 年 11 月）や「明治時代の四本柱の四色」（『専修大学人文科学年報』第 41 号、2011 年 3 月）でも触れ、四本柱は明治時代ずっと四色だったことを指摘している。本章ではさらに多くの資料を年ごとに調べ、その結論は正しかったことを再確認している。本章も以前の拙稿二篇と同様に四本柱の色を扱っていることから、同じ資料の重複があることを記しておく。

2.　通常の相撲

香山氏の論考「四本柱の色の変遷（下）」では、明治 24 年から 42 年まで四本柱を四色で描いた錦絵が「ない」ため、四本柱の色がそれまで同様に四色だったのか、それとも紅白だったのかを実証できないとしている。

> 「（前略）特に明治 24 年から 42 年までの肝心な期間の錦絵がなく、四本柱は青赤白黒の四色だったのか、それとも紅白巻きだったのか、実証できないのは残念なことである」（p.3）

また、明治 17 年の天覧相撲を契機にして四本柱は紅白になったのではないかとも述べている。

か見られる。錦絵に一貫性がないからと言って、それは実際の土俵上の四本柱の色も絶えず変化しているとは限らない。実際の土俵でときには紅白、ときには四色というように、色を変えるということは不自然だからである。もし本場所によって絶えず柱の色が変わっていたなら、それがどういう理由に基づくかを調べる必要がある。本章では大阪相撲の柱の色については深く立ち入らない。大阪相撲と江戸相撲との合併相撲でもときどき紅白柱が見られるが、なぜその色になるかについては触れていない。

「（前略）明治 17 年の天覧相撲の成功が四本柱の色までも変えさせて
しまったのだと考える。天覧相撲の翌年、明治 18 年から 24 年にか
けてのいつの場所からか、年代を特定できないが、土俵上の四本柱の
色布は、青赤白黒の四色から紅白巻きに変えられたのであろうと推測
される」(p.8)

　つまり、天覧相撲が契機となって、その後の勧進相撲の四本柱は紅白に
変わったのであろうと推測している。天覧相撲以降、いつの場所から紅白
になったかは特定できないが、24 年までの間に違いないともいう。これ
に関しては、次のように記述している。

　「明治 18 年乃至 24 年のある時から、同 42 年春場所まで、紅白巻き（だ
った：本書補足）」(p.8)

　明治 18 年から 42 年の間に描かれた錦絵は、香山氏が書いてあるように、
本当に少ないのだろうか。実は、そうではない。毎年と言っていいくらい、
かなりの錦絵が描かれている。それは末尾の「資料 1」から明らかである。
明治 30 年代後半からは写真も雑誌などに掲載されている。これらの資料
で四本柱の色を調べると、香山氏の指摘が事実に反していることがわかる。
つまり、明治 18 年から明治 42 年まで四本柱は継続して四色だったこと
が裏づけられる。これは、もちろん、勧進相撲としての本場所に限定した
場合である。
　香山氏の論考『四本柱の色の変遷（下）』(p.2) には、次の錦絵が取り
上げられている[7]。

7）　私はその錦絵をまだ見ていないが、それには紅白の四本柱が描かれているとい
　　う。明治 24 年に描かれた他の錦絵には四本柱が描かれていることからもわかる
　　ように、紅白の四本柱は事実を正しく反映していないはずだ。絵師が江戸時代の
　　錦絵を模して描いたに違いない。

・「両国回向院勧進大角觝興業之図」（芳豊筆、明治 24 年春場所）

　この錦絵の四本柱は紅白色だという。もしこれが春場所の四本柱を忠実に描いているとすれば、本章で述べているのは正しくないことになる。本章では明治時代はずっと四本柱は四色だったと指摘しているからである。この錦絵の四本柱は真実を描いているのだろうか。実はそうでないはずだ。その理由をいくつか示す。

・『東京朝日新聞』（明治 23 年 5 月 27 日）の「大相撲」
　「（前略）偕行社相撲天覧の節賜りたる目録を以て調整したる紫縮緬に桜花と山道とを染め抜きたる天幕を四本柱に張り出し紅白青黒四色の総角（揚巻：本章）を以て絞りあげしは頗ぶる美ごとなりし（後略）」

　この新聞記事は 24 年春場所より 1 年前のものだが、当時、四本柱は四色だったことを示している。次の錦絵でも四本柱は四色で描かれている。[8]

・「西ノ海横綱土俵入之図」（春宣画、明治 23 年 5 月）

また、次の錦絵でも四本柱はやはり四色である。

・「天幕開大相撲土俵入図」（春宣画、明治 24 年 1 月）

　このように、隣接する場所の四本柱は四色で描かれている。5 月場所で四本柱を四色から紅白に変えたとするのは不自然である。
　明治 24 年春場所を描いた錦絵で揚巻が吊るされていたかどうかも気になる。水引幕の中央の揚巻はどの色で描かれているだろうか。紅白の四本柱ならば、もちろん、揚巻の色は柱の色と合致しない。もし揚巻が吊るさ

---

8)　それぞれの錦絵は独立しているが、公刊されている相撲書などで掲載されていることもある。詳しくは本章末尾の「資料 1」や「資料 2」で提示されている。

れていなければ、その錦絵は明治23年以前に描かれたものである。また揚巻が吊るされていれば、四本柱の色と一致していなければならない。その場合、四本柱は四色である。いずれにしても、この紅白の四本柱は明治24年春場所を描いたものではないはずだ。

　香山筆「四本柱の色の変遷（下）」（p.2）によると、この錦絵で紅白の柱が描かれていることから、明治24年あたりから紅白の四本柱になったようだと述べているが、それは錦絵を全面的に信用しているからである。[9] 錦絵は真実を必ずしも描いていないことがあり、残念ながら、この錦絵も四本柱の色に関する限り、その一つである。

3. 四本柱と文字資料

　明治18年から45年のあいだに出版された相撲の本には、四本柱は四色だとするものと紅白または赤（朱）だとするものがある。

（1）　四色だとする本
　　　たとえば、松木著『角觝秘事解』（明治17年、pp.7-8）[10]、山田編『相撲大全』（明治34年、pp.25-6）、三木著『日本角力史』（明治34年、pp.142-5）[11]、三木・山田編『相撲大観』（明治35年、p.289）。

（2）　紅白または赤だとする本[12]

　9）　錦絵に問題があるのは四本柱の配色と方位を検討すればよい。幕内土俵入りを描いた錦絵をいくつか比較すると、その配色が一定していないのである。
　10）　『角觝秘事解』は明治17年に出版されているが、取り上げることにする。天覧相撲も扱っているし、通常の本場所の四本柱が当時、四色だったことも著している。
　11）　三木著『日本角力史』には故実の紹介で四色を述べているが、当時の色について必ずしも明確に述べていない。しかし、当時、四色と異なる赤や紅白だったことを指摘していないので、故実のとおり四色だったと捉えることにした。
　12）　本章では、繰り返しになるが、明治時代やそれ以前の相撲書にある「朱」や「紅」

　　たとえば、半渓著『相撲宝鑑』（明治 27 年、p.18）、大西著『相撲沿革史』（明治 28 年、p.105）、常陸山著『相撲大鑑』（明治 42 年）、上司著『相撲新書』（明治 32 年、p.242）[13]。

　この二種類のうち、いずれが事実に即しているのだろうか。それともどちらも正しいのだろうか。その問いに対しては、（1）にあるように、四色だとするほうに軍配を上げる。その理由は錦絵で見るように、この時期には四本柱は四色だったからである。紅白や赤の四本柱も確かに見られるが、それは「特別な」相撲の場合である。「通常の」本場所では紅白や赤の柱は見られない。

　それでは、なぜ「通常の」相撲の場合でも紅白や赤の四本柱だったとする本が見られるのだろうか。それを知るには著者たちに直接尋ねてみるしかないが、あえて推測することはできるかもしれない。著者たちは安政 5 年以前の相撲書（たとえば『古今相撲大全』）や錦絵を参照したかもしれない。すなわち、「孫引き」である。錦絵の四本柱は赤や紅白で描かれていたからである。他にも理由はあるかもしれないが、実際に本場所に行って自分で確認したり、行司や呼出しに直接確認したりすれば、四本柱の色を間違えることはなかったはずである[14]。もし本章の指摘に反して、赤や紅白の四本柱が事実に即していたとすれば、四色を示す資料のすべてをどう説明してよいのかわからなくなる。

　を「赤」として表している。ただ「紅白」はそのまま「紅白」にしてある。

13）　『相撲新書』は紅白と赤のうち、どちらを指しているか必ずしも明確でないが、それ以外の本はすべて紅白である。

14）　このような勘違いは、実は、相撲ではよく見られる。私自身も誤った思いこみは何回かあり、大きなミスをしている。たとえば、結びの一番に軍配房を垂らすのは木村庄之助だけだと思い込み、そう書いたこともある。実際は、結びの一番を裁く行司であれば、三役であっても房を垂らすことができる。

4. 特別な相撲の四本柱

　勧進以外の相撲に対象を広げると、四本柱の色は四色よりもむしろ紅白か赤（朱）が用いられている。天覧相撲、侯爵邸での相撲、神社境内での相撲を「特別な」相撲とし、「通常の」相撲と区別している[15]。これまで見てきたように、「通常の」相撲の四本柱は四色である。しかし、「特別な」相撲の四本柱は主に紅白か赤である。どちらかと言えば、紅白が多い。四色もときとして見られるが、紅白や赤と比べるとかなり少ない。参照した資料は本章末尾に「資料2」として示してある。

　どのような基準で紅白になったり、赤になったり、四色になったりしたかははっきりしない。天覧相撲の場合、紅白が圧倒的に多く、赤はかなり少ないが、赤を認めているのはなぜなのかがはっきりしないのである。神社境内での相撲では赤が多いが、ときには紅白も見られる。神社によって紅白か赤が決まっていたかもしれないが、それがなぜなのかとなると、はっきりしたことはわからない。「特別な」相撲で四本柱が紅白か赤であるのは、四本柱にそもそも方位を認めていないからかもしれない。慶事のシンボルとして紅白や赤を用いることから、相撲も一つの慶事として捉えていたのかもしれない。

　「特別な」相撲で四色の四本柱が用いられているのは、四本柱と方位に密接な関係があるのを認めている場合である。しかし、なぜその関係を「特別な」相撲で認めているのかは不明である。それが相撲の主催者によって決まったのか、相撲の規模によって決まったのか、それとも他の理由によって決まったのか、はっきりしないのである。「通常の」相撲では四色の四本柱が用いられていたから、そのような相撲は「通常の」相撲として分

---

15)　明治時代の天覧相撲については風見明著『相撲、国技となる』（2002、pp.20-38）に詳しくその概要が紹介されている。開催場所や規模の大小などは異なるが、天皇陛下がご覧になっている相撲であることから、「天覧相撲」として捉えられている。

類すべきかもしれない。しかし、四色の四本柱であっても、やはり「特別な」相撲として分類されている。そうなると、なぜ四色なのかを説明しなければならない。

5.　四本柱と四時五行説

　本場所の土俵では四色の四本柱を立てるが、これは四時五行説に基づいたものであり、それが故実となっている。四時五行説が易または陰陽説の一部であることは、たとえば、『VANVAN 相撲界』（秋季号、昭和 58 年〈1983〉）の式守蝸牛著『相撲穏雲解』（寛政 5 年、復刻版）でも見ることができる。

　　「総じて土俵、四本柱、易の定めなり。土俵の内を太極と定め、左右
　　の入口を陰陽ととり、四本柱は四時五行、中央の土を加え木火土金水、
　　または仁義礼智信の五常なり」（p.106）

　これと同じ内容の記述は木村喜平次著『相撲家伝鈔』（正徳 4 年）の「四

---

16)　たとえば、明治 14 年 5 月の島津忠義侯爵別邸の相撲は「天覧相撲」の一つと
　　するのが普通である。錦絵「豊歳御代之栄」（安次画）の四本柱は四色である。
　　もしかすると、四本柱は紅白だったが、絵師が「通常の」相撲に模して「四色」
　　として描いたかもしれない。文字資料でも四本柱の色は確認できない。

17)　易の「太極」は、簡単に言えば、形のない混沌とした状態を表す。それから
　　派生して陽と陰に二分化する。東西南北は厳密には「四正」、すなわち、東は震、
　　西は兌、南は離、北は坎であり、揚巻が吊るされている方位である。相撲の四本
　　柱は「四正」の間、つまり「四隅」に立てられているが、その四隅を普通、東西
　　南北と言っている。つまり、青は北東（艮）、赤は南東（巽）、白は南西（坤）、
　　黒は北西（乾）となるが、青は東、赤は南、白は西、黒は北としている。四本柱
　　の方位と揚巻の方位には厳密には差異があることを認識していれば、方位に関し
　　て特に問題はない。しかし、相撲の場合、四本柱と揚巻では四本柱が先にあった
　　ので、四本柱の四色と方位の関係を歴史的に論ずるときは厳密な方位の規定が問
　　題になるかもしれない。

本柱巻結之図」の項でも見ることができる。また、南部相撲の『相撲極伝之書』（延宝時代）にも四色と易または陰陽説が密接に関係あることが記されていることから、土俵に四本柱が導入された頃にはすでに故実になっていたようだ。[18]

「通常の」本場所で四色の四本柱が安政5年に導入されたとき、それが陰陽説や易を反映していても、何の抵抗もなく受け入れられたのかもしれない。なぜならその後もずっと四色の四本柱が受け継がれているからである。しかし、この四色の四本柱と四時五行説の密接な結びつきが明治時代になってから問題になったのかもしれない。[19] というのは、四時五行説は日本古来の「神道」ではないからである。神道には四季や四方位を表す「色」はないのである。[20] これが天覧相撲や侯爵邸の相撲などで四色の四本柱を使わないことと関連があるかもしれない。

「特別な」相撲では基本的に紅白や赤の四本柱が使われているが、神道

---

18) 柱の上部に張り巡らされている幔幕を黒柱、青柱、赤柱、白柱の順に巻き、黒柱で巻き終わるのも陰陽説に基づいているかもしれない。それが正しければ、相撲では四色の四本柱とほぼ同時に始まったかもしれない。相撲以外でも幕を張る場合にはすでにその巻き方が行われていたことになる。陰陽説は7世紀ごろには日本に入っていたからである。

19) 四本柱の四色がこれまでにも実際に神道で問題になったことがあったかどうかはわからない。それを裏づけるような資料も見たことがない。天覧相撲や神社の相撲で安政5年以降も紅白や赤が頻繁に使われていることから、そういう考えが根底にあったのではないかと推測しているだけである。安政5年以前には紅白や赤の四本柱だったが、それが神道の流れをくんでいたのかどうかも、実際のところ、わからないのである。

20) 神道に四季や四方位を表す特別な色が定まっているかどうかを宮内庁や大きな神社に確認したことがある。そのような色は神道には定まっていないはずだという答えが返ってきた。さらに、ある特定の場所を左回りしたり、右回りしたりすることに神道では何か宗教的な意義があるかもしれないと思い、それについても尋ねたが、右回りの傾向はあるが特別の意義はないはずだとも語っていた。相撲の土俵祭りや力士の土俵入りでは左回り（反時計回り）なので、何か宗教的な意義がありそうだと思っていたからである。神道関連の本などでも回り方や色の使い分けについて調べてみたが、特別な結びつきは見つけられなかった。

と関係ないかもしれない。四色が四時五行説との結びつきを強調すればするほど、それは神道から離れていくことになる。しかし、故実の宗教的背景にこだわり、易の四色ではなく神道の赤や紅白にすべきだという主張があったかもしれない。結果的にその主張が受け入れられ、四本柱を赤や紅白になったかもしれない。実際に、そのような論議があったかどうかは別にして、故実の変更には宗教的背景が根底にあったのかもしれない。

　江戸時代にも四本柱は赤や紅白が使われているが、『古今相撲大全』(宝暦 13 年〈1763〉)によると、もともとは四色だったが、いつの間にか「一様の色」で巻くようになったという。この「一様の色」は「赤色」の可能性が大である。

---

21)　慶事色としての赤や紅白は神道とまったく関係ないかもしれない。神道は色について特に規定してないからである。古来の日本文化の中で慶事では赤や紅白を用いることが習俗として受け入れられ、それが文化の一部としてなんとなく定着しているのかもしれない。本章ではそういう習俗を神道の反映だと捉えている。陰陽説や易と区別するために「神道」を使っているだけであり、そのような区別することが間違っているかもしれない。

22)　江戸時代の四本柱は赤が圧倒的に多いが、紅白も例外的に見られる。天明期に描かれた錦絵にも紅白の柱がある。たとえば、「東方幕内土俵入りの図」(『相撲百年の歴史』、p.60、天明 2 年 10 月、春章画) や「幕内土俵入りの図」(『相撲百年の歴史』、p.10、天明 8 年 4 月、春好画) など。

23)　四本柱を四色にしたのは岩井播磨流の『相撲行司絵巻』(寛永 8 年〈1631〉)の二枚の絵図や南部相撲の『相撲極伝之書』(延宝 4 年〈1676〉)などから少なくとも 1630 年代には確認できる。しかし、それがどの程度の地域に浸透していたのかは不明である。つまり、一部の流派に基づく土俵だけだったのか、それともかなり多くの流派にも波及していたのか不明である。当時は多くの行司の家があり、岩井(播磨)流もその一つである。吉田司家となる前の吉田流の行司の家も岩井(播磨)流と同じように四本柱を四色にしたという資料はまだ見ていない。いずれにしても、『古今相撲大全』にあるように、かつては易に基づいて四方の柱を四色で巻いていたことは確認できる。それは一部の流派だけか、あるいは限られた地域だけだったかもしれない。

24)　半渓散史著『相撲宝鑑』では「いつしか物好きの思い付きよりして四本と一様に赤き絹を、その上を白き絹または白木綿にてぐるぐると巻くことなりしなり」(p.18)となっている。これと同じ記述は好華山人著『大相撲評判記』(天保 7 年)

・『古今相撲大全』（宝暦13年〈1763〉）の「四本柱の相当」
　「四本柱は四季に標す。東は春にてその色青色、西は秋にて白色、南は夏にて赤色、北は冬にて黒色なれば、そのいろいろの絹を以て巻くを差別とす。御前相撲の風流なる物好きよりついに一様の色絹にて巻くようになりたり」

　もともと四色だったのが、いつの間にか赤や紅白になっているが、なぜ他の色ではなく、赤や紅白になったかはわからない。赤や紅白を巻くようになったことに関しては、理由があったはずである。慶事にはその色を使用する慣行がすでにあったからではないかと推測するが、それが正しい見方かどうかはわからない。

　江戸時代でも文政6年4月や天保14年9月の上覧相撲では四色だったことがあるし、寛政3年6月の上覧相撲では紫と紅の四本柱だったこともある。これは酒井著『日本相撲史（上）』（p.314）や成島著『すまゐご覧の記』（『ちから草』（p.45））で確認できる。時代が違うとはいえ、「同じ」上覧相撲でときには紫と紅だったり、ときには四色だったりしているが、その理由は、今のところ、不明である。

　このように見てくると、実際のところ、明治時代の天覧相撲や侯爵邸の相撲などで紅白や赤が用いられている理由は、実は、はっきりしない。「通

にもあるが、綾川五郎次著『一味清風』（p.240）でも見られる。柱の色は赤ではなく、紅白になっている。『古今相撲大全』の「一様の色絹」とは「紅白」を表しているのだろうか。大阪相撲では確かに紅白が多いが、江戸相撲では圧倒的に赤が多く、紅白はかなり少ない。本章では江戸相撲を対象としているので、「一様の色絹」は「赤」だと解釈している。もしかすると、宝暦の頃は「赤」か「紅白」ではなく、いずれの色でもよかったのかもしれない。天明以降も同時期に赤と紅白が混在し、その選択をする基準や理由がわからないからである。

25)　文政13年3月にも上覧相撲が行われているが、四本柱が四色だったのか、それとも他の色だったのかはわからない。文政6年4月と天保14年9月の四本柱が四色であれば、その間に行われた文政13年3月の上覧相撲でも四色だったとするのが自然だが、裏付ける資料をまだ見ていない。

常の」相撲で四色が使われているので、「特別な」相撲ではあえて紅白や赤を用いたのかもしれない。江戸時代にも赤や紅白の四本柱が使われていたし、それ以外のとっぴな色が用いられていたわけでもないからである。

　本章では、明治時代の天覧相撲や侯爵邸の相撲などで紅白や赤が用いられている理由として四色が日本古来の神道に合わないことに一因があるかもしれないとしている。しかし、これは強い主張ではなく、そういうことも考えられるという一つの指摘に過ぎない。というのは、四色以前は赤や紅白だったが、なぜその色を用いたのかがはっきりしないからである。また、かつては四色を用いたこともあったらしいがいつのまにか赤や紅白に逆戻りしているが、「好みによって」その赤や紅白を選んであるというだけで、なぜ他の色ではなく、わざわざ赤や紅白を選んだのかがはっきりしないからである。数ある色の中から赤や紅白を選ぶには何か明確な理由があったはずである。その理由を明確に述べてある資料が見つかることを期待しているが、それまで赤や紅白は神道で慶事を表すシンボルカラーだからであるとしておくことにする。

6.　今後の課題

　本章では錦絵や文字資料を提示して、これまでと違った指摘をしているが、もちろん、その指摘が正しいかどうかは今後も吟味する必要があるかもしれない。たとえば、明治 18 年以降明治 42 年まで四本柱は継続して四色だったと指摘しているが、本当にまったく切れ目なく継続していたかとなると、毎場所の証拠を提示していないからである。毎年のように、四色だったことを示す証拠があることで、毎場所継続していたに違いないと判断しているに過ぎないが、ときには例外的にそれが途切れることがあったかもしれないのである。

　半渓著『相撲宝鑑』（明治 27 年、p.18）や常陸山著『相撲大鑑』（明治 42 年、p.242）にはそれが出版されたころ、四本柱は赤や紅白だったと書いてあるが、本章ではそれは事実に合致しないと指摘している。四色を示す錦絵や他の資料などが豊富にあり、赤や紅白は「特別な」相撲に見られ

るからである。

　「特別な」相撲では紅白や赤が多く見られる。本章では、紅白や赤は神道の慶事の色であると指摘しているが、それが正しいかどうかは検討する必要があるかもしれない。また、明治初期の絵図などでも紅白や赤の四本柱が描かれているが、なぜその色になっているか、吟味する必要があるかもしれない。理屈の上では他の色を用いてもよさそうなのに、そのような色は見当たらない。それにはやはりそれなりの理由があったと想定するのが自然である。

　本章の域を超えるが、吉田司家は四本柱の色について明確な提言を行っていただろうかということも気になる。たとえば、文政6年4月と天保14年9月の上覧相撲では四本柱が四色になっているが、それについて吉田司家は何らかの提言をしていないだろうか。また、明治17年の天覧相撲では紅白になっているが、相撲協会だけで決めたのだろうか、それとも吉田司家に相談して決めたのだろうか。寛政3年の上覧相撲では、紫と紅の柱になっているが、その色は独特の選択である。その色は四時五行説にも合致しないし、当時の本場所の色にも合致しない。なぜそのような独特の色を用いたのだろうか。江戸時代の上覧相撲や明治時代の天覧相撲の四本柱の色は一定していない。なぜこのように色が違うのか、今後、検討する必要がある。

　このように、四本柱の色の変遷やその理由についてはまだ不明な点がいくつかある。錦絵ではその色を確認できるが、なぜその色なのかとなると、他の資料に当たらなくてはならない。今後は、その理由も追究する必要がある。

資料１：通常の相撲の四本柱の四色

　ここでは明治 18 年から明治 45 年までの四本柱の四色を扱う。錦絵は主として公刊されている相撲書を参考にしているが、ときには相撲博物館所蔵の錦絵や私個人の所蔵しているものも参考にしている。もちろん、文字資料も活用してあるが、錦絵と比べれば非常に少ない。資料では出典を示してあるが、それが示していない場合は相撲博物館所蔵か私個人の所蔵の錦絵である[26]。

　資料としての錦絵はすべて、その四本柱は四色である。つまり、青、赤、白、黒である。絵には四色のうち、いずれか一つしか確認できないことがある。一つでも確認できた場合、四本柱は四色だったと判断した。それぞれの錦絵で色が確認できる柱の数を示せば、それだけ具体的な色や柱の数が正確になるが、あえて色や数のことは記さないことにした。本章の目的は四本柱が四色だったのか、そうでなかったかを調べることにあるからである。

　柱の色に関しては赤柱の扱いで迷うことがあった。確かに、その赤色は四色の一つだが、それだけでは四本柱が四色だったのか、それともすべて赤色だったのか、判断に迷ってしまう。そういう場合は土俵上の他の要素を考慮し、判断することもあった。しかし、実際には赤柱だけを描いた錦絵はわずか 2、3 枚しかなかったので、その判断がたとえ間違っていたとしても、まったくと言っていいほど問題になることはない。その錦絵の描かれた年月の前後には他の錦絵も描かれていることが多く、四色の判断は比較的容易だったからである。

　錦絵の描かれた年月が異なる場合がある。それは元の版木を使用し、力士だけを入れ替える場合によく起きる。そのような場合は力士名を番付表などと照合し、番付と一致する年月を採用してある。そして、錦絵に異なる年月のもの

---

26)　相撲博物館所蔵の錦絵を参照したい場合は、事前に特別の許可を受ける必要がある。私個人所蔵の錦絵は多くの場合、錦絵収集家なら、大体所蔵しているものである。出典が示されていない錦絵でも、実は公刊されている本に掲載されているかもしれない。本章で提示した錦絵がすべてでないことを記しておきたい。

があることも記すように努めてある。

　同じ錦絵がいくつかの本で掲載されていることもある。そのような場合が普通である。このリストではその中から一つか二つの出典だけを示してある。その基準は何もない。リストにない出典もたくさんあるので、画題や錦絵のキャプションなどの情報を参考にするとよい。

　明治後半になると、錦絵の数は極端に少なくなる。代わりに、モノクロ写真が現れる。モノクロ写真では白色はかなり明確に判断できるが、他の黒色、青色、赤色は見分けがかなり難しい。それで、本章では白柱を中心に他の色は推測してある。さらに、このリストでは特別に写真の欄を設けず、錦絵の延長で参考資料として加えてある。写真は当然のことながら、錦絵ではない。明治中期までは錦絵で四本柱の色を視覚的に容易に捉えることができるし、その錦絵を資料の中心に据えているので、本章では錦絵でない絵図も、また写真も、あたかも錦絵の一部であるかのようにリストに加えてある。このことも念のために記しておきたい。

1. 明治18年から19年

(1)　明治18年1月、「新版相撲づくし」の中の「弓取式」の一コマ、国明筆、出版人・小森宗次郎。

(2)　明治18年4月、「大相撲取組之図」、国明画、版元・松木平吉、『国技相撲の歴史』（別冊相撲秋季号、昭和52年10月、pp.132-3）。
梅ケ谷と大達の取組。

(3)　明治18年6月、「梅ケ谷横綱土俵入之図」、国明画、出版人・山本与一。
露払い・友綱、太刀持ち・大鳴門。

2. 明治20年から24年

(1)　明治20年1月、錦絵「阿州剣山谷衛門」（一人姿）。

(2)　明治20年4月30日、『やまと新聞』の付録「近世人物誌—偉人伝」に横綱梅ケ谷の土俵入りが描かれている絵（芳年画）。

　　四本柱は四色として推定。土俵入りしている横綱梅ケ谷の右手に赤柱がある。

(3)　「明治 20 年頃の回向院相撲場」（キャプション）のモノクロ写真、風見著『相撲、国技となる』（2002、p.46）。

　　揚巻が吊るされていないことから、明治 23 年 5 月以前の写真である。

(4)　明治 21 年 5 月（番付と一致）、「勧進大相撲土俵入図」、国明筆、『相撲・両国・国技館』（墨田区立図書館発行、昭和 60 年 1 月）の表紙絵。

(5)　明治 22 年 5 月、「大角觝取組図」、探景画、日出版。香山筆『四本柱の色の変遷（下）』（p.3）／相撲博物館蔵。

(6)　明治 23 年 5 月、西ノ海横綱土俵入之図、春宣筆、版元・松木平吉。

　　露払い・千年川、太刀持ち・朝汐、行司・木村庄之助、呼出し・勘太。

(7)　明治 23 年 5 月、西ノ海横綱土俵入之図、春宣筆、版元・松木平吉。

　　露払い・千年川、太刀持ち・綾浪、行司・木村庄之助。

(8)　明治 24 年 1 月、「天幕開大相撲土俵入図」、春宣筆、版元・松本平吉、学研『大相撲』（p.262）。

　　正面に向かって描いてある。行司は正面を向いている。

(9)　明治 24 年 1 月、「天幕開・東西共同稽古場の図」（キャプション）、春宣筆、酒井著『日本相撲史（中）』（p.108）。

　　正面から見て描いている。行司の顔が正面を向いている。

(10)　明治 23 年 5 月から 28 年 6 月、小錦と朝汐の取組（錦絵）、春斎筆、版元・松本平吉。

　　土俵下の力士（西ノ海と千年川）と行司（誠道）も同じ高砂部屋所属。力士 4 名が幕内で揃い始めたのは明治 25 年 5 月である。誠道は 22 年 5 月に鬼一郎から改名し、29 年 3 月に草履格になっている。誠道は足袋を履いている。

3. 明治 25 年から 29 年

(1)　明治 25 年 5 月、「西ノ海横綱土俵入之図」、春宣筆。

(2)　明治 25 年 7 月、「小錦と朝汐の取組」、春斎筆。行司・木村誠道。

(3)　明治 26 年 3 月、「相撲弓取之図」、発行者・辻岡文助、『大相撲グラフティー』
（p.26)。[27]

(4)　明治 26 年 5 月、「勧進大相撲土俵入之図」、春宣筆。行司・式守伊之助。

(5)　明治 27 年 1 月、梅ノ谷 (のちの梅ケ谷、二代目)、春斎画、行司・木村源吉、
学研『大相撲』(p.168)。

　　露払いと太刀持ちを同伴していない怪童の一人土俵入り姿である。

(6)　明治 27 年 5 月、「勧進大相撲土俵入之図」、春斎画、加藤著『明治時代
の大相撲』(p.226)。[28]

(7)　明治 28 年 6 月、「大相撲取組之図」、春斎画、行司・木村庄之助、呼出し・
勘太、版元・松木平吉。

　　西の海と小錦の取組。

(8)　明治 29 年 3 月、「小錦横綱土俵入之図」、春斎筆、『図録「日本相撲史」総覧』
（pp.42-3)。

(9)　明治 29 年 10 月、「(小錦)横綱土俵入之図」、春斎筆、版元・松木平吉、
ジョージ石黒『相撲錦絵発見記』(p.107)。

　　横綱小錦の二つの土俵入り図は酷似しているが、両手の位置が逆になっ
ている。

4.　明治 30 年から 34 年

(1)　明治 30 年代（キャプション）、本所回向院相撲興行、『大相撲グラフ
ティー』（p.62)。

---

27)　半渓著『相撲宝鑑』(明治 27 年)の末尾に「明治 23 年倭大相撲」と題した白
　　黒の絵図があり、また「目次」と「本文」の間にも絵図があり、いずれにも紅白
　　の四本柱が描かれている。しかし、明治 23 年当時の他の錦絵からわかるように、
　　当時の四本柱は四色だった。したがって、これらの絵図は事実を正しく反映して
　　いないことになる。一つの絵図には揚巻も吊るされてあり、23 年ごろに描かれた
　　ことを示唆しているが、本土俵の四本柱が紅白だったことは正しくない。なぜ紅
　　白になっているかはわからない。

28)　加藤著では「回向院大相撲土俵入之図」（キャプション）となっている。

手採色の写真だが、月名は不明。

(2)　明治 30 年 3 月、「相撲の図」（7 コマ構成の一つ）、『角力新報』の口絵。

(3)　明治 31 年 5 月、「小錦横綱土俵入之図」、玉波画。

露払い・大見崎、太刀持ち・逆鉾。

(4)　明治 32 年 2 月号、雑誌『風俗画報』の表紙絵／『大相撲グラフティー』（p.34）。

揚巻がすべて赤で描かれている。

(5)　明治 32 年 9 月、「勧進大相撲土俵入之図」、玉波画、版元・松木平吉。
画面中央上部に太字で「東京大相撲」とある。

(6)　明治 34 年 1 月、「勧進大相撲土俵入之図」、玉波画、式守伊之助、版元・松木平吉。

下部に「明治 32 年 9 月印刷」とあるが、力士名が「明治 34 年 1 月場所の番付」と一致する。

(7)　明治 34 年 2 月、「大相撲取組之図」、玉波画、行司・木村庄三郎、版元・松木平吉／個人所蔵。

荒岩と国見山の取組。

(8)　明治 34 年 5 月頃（推定）、「（大砲）横綱土俵入之図」、玉波画、学研『大相撲』（p.166）。

露払い・松ヶ関、太刀持ち・荒岩。

5.　明治 35 年から 39 年

(1)　明治 35 年 5 月、「大砲横綱土俵入之図」、玉波画、絵葉書。

(2)　明治 35 年 5 月、「幕内土俵入之図」、玉波画。東方・大砲等、西方・常陸山等。

(3)　明治 36 年 6 月頃（推定）、「常陸山横綱土俵入之図」、玉波画、『大相撲グラフティー』（p.28）。

露払い・両国、太刀持ち・大湊。

(4)　明治 37 年（推定）、「常陸山横綱土俵入之図」、玉波筆、堺市博物館制作『相撲の歴史』（p.78）。

(5)　明治 38 年 5 月、「勧進大相撲土俵入之図」、玉波画、版元・松木平吉。

(6)　明治38年5月、「大砲横綱土俵入之図」、玉波画、『大相撲グラフティー』
　　　(p.29)。

(7)　明治38年5月、「梅ケ谷横綱土俵入之図」、玉波画。
　　　露払い・鬼ヶ谷、太刀持ち・谷ノ音。

(8)　明治38年5月、常陸山横綱土俵入りの光景（写真）、大砲横綱土俵入り
　　　の光景（写真）、回向院における取組の光景（写真）、『日本画報』（『日本』
　　　新聞定期附録第24号）。

(9)　明治38年11月、「常陸山横綱土俵入之図」、玉波筆、発行・松木平吉。
　　　露払い・小常陸、太刀山・大ノ川。

(10)　明治39年1月（記載力士は番付と一致）、「勧進大相撲土俵入之図」、玉
　　　波画。

6.　明治40年から45年

(1)　明治40年5月、「勧進大相撲土俵入之図」、玉波画、版元・松木平吉。

(2)　明治42年6月、「国技館大相撲土俵入之図」、玉波画、版元・松木平吉、
　　　学研『大相撲』(p.263)。
　　　四本柱は四色。中央の揚巻は赤色で、両隣の白柱と黒柱のいずれとも合
　　　致しない。

(3)　明治44年5月（推定）、「太刀山横綱土俵入之図」、玉波画、版元・松木平吉。
　　　露払い・土州山、太刀持ち・伊勢ケ浜。

(4)　明治45年1月、「国技館大相撲土俵入之図」、玉波画、版元・松木平吉。
　　　四本柱：四色。この錦絵は明治42年の錦絵と図柄は酷似しているが、同
　　　じではない。たとえば、屋形は二方向破風である。正面の揚巻は赤だが、
　　　その色は右隣りの白柱と一致していない。力士や親方名はその時代に合わ
　　　せてある。

資料 2：特別な相撲

A．天覧相撲や侯爵邸での相撲

1．明治 10 年代

(1)　明治 14 年 5 月 9 日[29]、華族島津忠義別邸、「豊歳御代之栄」、安次画、酒井『日本相撲史（中）』(pp.56-8)。
　　　梅ケ谷と若島の取組。四本柱は四色。

(2)　明治 17 年 3 月 10 日の天覧相撲を描いた錦絵。四本柱はどの絵でも紅白の段だら模様である。
　　(a)「延遼館天覧相撲横綱之図」、月耕画、学研『大相撲』(p.6)。
　　(b)「御浜延遼館於テ天覧角觝之図」、国梅画、池田編『相撲百年の歴史』(pp.98-9)。
　　(c)「浜離宮の天覧相撲土俵祭」、豊宣画、酒井著『日本相撲史（中）』(p.69)。
　　(d)「天覧相撲取組之図」、豊宣画、出版人・松木平吉。楯山と梅ケ谷の取組。

(3)　明治 18 年 5 月、「天覧角觝之図」、国明画、行司・式守伊之助、出版人・松木平吉[30]、ローレンス著『相撲と浮世絵の世界』(pp.54-5)。
　　　剣山と大達の取組[31]。

(4)　明治 18 年 11 月 27 日、黒田清隆内閣顧問邸、酒井著『日本相撲史（中）』

---

29)　酒井著『日本相撲史（中）』では 5 月 9 日、風見著『相撲、国技となる』(p.28) では 5 月 12 日となっている。

30)　珍しいことに、土俵に四本柱がない。玉座の天幕は紫で、赤い絞り房が吊るされている。四本柱がないのでこのリストから除外すべきだが、この錦絵が真実を描いてあるのかどうかに興味があり、参考までに示してある。

31)　画題「天覧角觝図」で、四本柱が四色の錦絵がある。小柳と若湊が取り組み、裁く行司は式守錦太夫である。絵師や日付は記されていない。この絵は明治 18 年 5 月の錦絵を真似て後に描かれたものである。そのため、このリストに加えないことにした。

（pp.77-8）。

四本柱の色は不明である。[32]

(5) 明治 18 年（月名は不明）、「徳川治蹟年間紀事」、芳年画、大倉孫兵衛、ビックフォード著『相撲と浮世絵の世界』(p.150)。

　　小柳と荒馬の取組。これは明治時代に天保 14 年 9 月の上覧相撲を描いた錦絵である。この上覧相撲では四本柱は四色だった。

(6) 明治 19 年 5 月、「宿祢神社祭典大相撲之図」、国明画、版元・大黒屋平吉。
大達と剣山の取組。四本柱は紅白である。

2. 明治 20 年代

(1) 明治 20 年 2 月、「華族会館角觝之図」、国明筆、版元・松木平吉。
大達と剣山の取組。四本柱は紅白である。

(2) 明治 20 年 12 月、「弥生神社天覧角觝之図」、国明画、版元・松木平吉、酒井著『日本相撲史（中）』(p.87)。
　　西ノ海と剣山の取組。四本柱は赤色として推定。

(3) 明治 24 年 5 月、「延遼館小相撲天覧之図」、勝月画、発行者・長谷川勝次郎。
　　西ノ海横綱土俵入りの図、露払い・一ノ矢、太刀持ち・鬼ヶ谷。四本柱は赤である。紫の天幕に赤の揚巻あり。明治 20 年 12 月の錦絵と似ている。

(4) 明治 25 年 7 月 9 日、銅版画、鍋島侯爵邸での天覧相撲、『相撲百年の歴史』(p.109)。
　　西ノ海と朝汐の取組。四本柱は四色（推定）。この銅版絵は酒井著『日本相撲史（中）』(p.103) では明治 23 年 1 月とある。取組も小錦と八幡山となっている。揚巻が吊るされていることや西ノ海が明治 23 年 5 月に横綱に

---

32) この天覧相撲を描いた錦絵はまだ見ていない。また四本柱の色がどうなっているかを記した文献も見ていない。リストに加えてあるのは天覧相撲の一つとして文献でよく言及されているからである。

33) 明治 18 年という暦年はビックフォード著『相撲と浮世絵の世界』(p.150) に基づく。

なっていることなどから、明治 25 年 7 月が正しいと判断した。³⁴⁾揚巻は明治
23 年 5 月場所に始まり、色も四本柱の色と一致するようになった。

(5)　明治 27 年 1 月、錦絵「天覧大相撲之図」、春斎画、版元・両国太平製。
発行人・松木平吉。

　　小錦と西ノ海の取組。四本柱：紅白。揚巻・中央に赤房。

(6)　明治 31 年 5 月、³⁵⁾「方屋開式之図」、絵師・不明、学研『大相撲』(pp.68-9)。
西郷侯爵別邸での天覧相撲。四本柱は四色。中央の揚巻は青で、右の黒
柱と一致しない。

B.　寺社の相撲

1.　明治 10 年代

(1)　明治 19 年 5 月、「宿祢神社祭典大相撲之図」、国明画、版元・大黒屋平吉、
『国技相撲の歴史』(pp.132-3)。

　　大達と剣山の取組。四本柱は紅白である。

2.　明治 20 年代

(1)　明治 21 年 1 月、「弥生神社天覧角觝之図」、国明画、版元・山本与一、
酒井著『日本相撲史（中）』(p.92)。

　　西ノ海と海山の取組。四本柱はすべて赤色（推定）。天幕はあるが揚巻は
ない。³⁶⁾

(2)　明治 21 年 1 月 14 日、「弥生神社天覧角觝之図」、国明画、酒井『日本相

---

34)　鍋島邸での天覧相撲については『毎日新聞』（明治 25 年 7 月 10 日）の「鍋島
　　邸行幸御模様」と「天覧相撲」で詳述されているが、四本柱の色についての記述
　　はない。

35)　ビックフォード著『相撲と浮世絵の世界』(p.56) では「8 月」となっている。

36)　弥生神社は招魂社の後進である。

撲史（中）』（p.90）。

四本柱は赤（推定）。

(3)　明治21年4月、「弥生神社天覧角觝之図」、国明筆、版元・松木平吉。

一ノ矢と大鳴門の取組。

図柄は明治20年12月の錦絵と類似する。四本柱は赤色。赤の水引幕は
あるが揚巻はない。水引幕は赤色に白い斑点模様が混じっている。

(4)　明治29年3月、「靖国神社大祭執行横綱市場ノ図」、発行者・大西庄之助、
伊勢庄版。

横綱・小錦、露払い・逆鉾、太刀持ち・朝汐。四本柱は紅白である。

3.　明治30年代以降

(1)　明治37年5月、「靖国神社境内の相撲場」（キャプション）の写真、『日
本相撲史（中）』（p.193）。

梅ケ谷・常陸山の取組。四本柱は四色。靖国神社の四本柱は四色である。

(2)　明治40年5月、「臨時大祭大角力三横綱土俵入之光景」、常陸山横綱土
俵入りの写真、『靖国神社臨時大祭写真帖』、明治49年、発行者・桂田金一、
発行・軍事写真会）。

四本柱は四色。モノクロ写真だが、白柱が確認できる。

(3)　明治42年春(4月)、九段招魂社の常陸山と梅ケ谷の写真、伊藤忍々洞著『相
撲展望』（口絵）。

四本柱は四色。

第7章　安政5年以前の四本柱の色

1. 本章の目的[1]

　安政5年（1858）1月に本場所の四本柱は四色になっているが、それ以前の四本柱はどの色だっただろうか。『古今相撲大全』（宝暦13年〈1763〉）によると、四本柱は四色を故実とするが、当時は御前相撲の影響で赤柱になっている。『古今相撲大全』以前に世に出た『相撲家伝鈔』（正徳4年〈1714〉）でも四色に言及しているが、実際は四色ではなかったようだ。当時の絵図などから判断すると、赤色である。

　それでは、四本柱が四色だというのはそういう故実があったというだけで、実際には実施されていなかったのだろうか。また、四色はかつて存在していたが、時が経つうちに赤色に変わったのだろうか。いつ頃変わったのだろうか。御前相撲と勧進相撲では四本柱の色が違っていたのだろうか、それとも同じだったのだろうか。四本柱の四色に関する故実は相撲の種類によって異なっていたのだろうか。以前は行司の家がいくつかあったが、四本柱の色に関する故実は特定の行司の家だけが堅持していたのだろうか。吉田司家には四色に関する故実はあったのだろうか。もしなかった[2]

---

1)　本章で参考にした錦絵や絵図などは相撲の本などを参考にしているが、相撲博物館所蔵の絵図資料も参考にしたことを記しておく。特に文政6年4月の上覧相撲の土俵の模様を描いた絵図資料の閲覧は大変ありがたかった。相撲博物館の資料閲覧のご協力に対し、改めて感謝の意を表したい。

2)　『相撲鬼拳』（宝暦11年〈1761〉）には吉田司家の門人であった当時の行司名が地域ごとにリストアップされている。一人一人が「行司の家」を代表しているかどうかは不明だが、地域ごとに行司を専門とする家があったことは確かだ。宝暦以前の時代でもかなりの数の行司の家があったに違いない。その当時、それぞれの行司の家は独立した存在で、それぞれ独自の故実を有していたかもしれない。

159

とすれば、いつ頃からその故実を取り入れたのだろうか。このような疑問に対し、明確な答えはない。四本柱の色の始まりや現在に至るその変遷について調べてみたが、依然として不明な点がたくさんある[3]。

　本章では、主として安政5年以前の四本柱の色について焦点を絞り、次のことを指摘したい。

(1)　四本柱が四色になっている二枚の絵図がある[4]。寛永8年10月（詳しくは「寛永八辛未年閏拾月吉日」）の日付になっているので、その頃すでに四色があったことになる。絵図が掲載された小冊子の筆者は岩井播磨流なので、少なくとも特定の流派の相撲では四色だったに違いない。この流派は南部相撲に受け継がれている。

(2)　四色は岩井播磨流以外の相撲では使われていない。少なくともそれを確認できる資料はまだ見ていない。当時の絵図は白黒なので正確な色は判別できないが、四色でないことは確かだ。おそらく赤色である。無色の可能性もあるが、その後の柱の色から推測し「赤色」としておく。

(3)　なぜ岩井播磨流以外の相撲では赤柱だけだろうか。これには明確な答えを持ち合わせていないが、当時は相撲にいくつか流派があり、統一された故実がなかったからかもしれない。『相撲家伝鈔』（正徳4年）が世に出たころ、その故実の存在を認める行司の家はあったが、それ

　吉田司家が江戸の木村家を門人にしたのは寛延2年である。なお、『相撲鬼拳』の行司名は古い時代を扱っている相撲の本でしばしば提示されている。たとえば、常陸山著『相撲大鑑』（pp.383-5）もその一つ。

　3)　四本柱全般については、たとえば拙稿「四本柱の色」（『専修人文論集』第81号、2005年11月）や香山磐根氏の論考「相撲錦絵の吟味―四本柱の変遷（上、中、下）」（『相撲趣味』第88号、第89号、第92号、昭和60年4月、昭和60年8月、昭和61年11月）がある。

　4)　この二枚の絵は天理大学図書館にお願いし、その複写をいただいた。改めて感謝の意を表する。

を実施するまでにはいたらなかったかもしれない。

(4)　江戸相撲は寛延 2 年（1749）頃に吉田司家の傘下に入っているが、その頃も吉田司家は四色を受け入れていなかったようだ。『古今相撲大全』（宝暦 13 年〈1763〉）や『相撲伝秘書』（安永 5 年〈1776〉）でも当時の四本柱は四色でないからである。寛政 3 年 6 月の上覧相撲でも四本柱は紫色と紅色であるし、当時の本場所でも赤色である。

(5)　吉田司家が四本柱の四色を取り入れたのは文政 6 年（1823）4 月の上覧相撲である。本場所では安政 5 年 1 月である。なぜ吉田司家が四色を取り入れたかは不明である。もし吉田司家にその故実が以前からあったなら、なぜそれを実施に移さなかったのかわからない。またその故実を文政 6 年（1823）4 月の上覧相撲で取り入れ、本場所では安政 5 年 1 月まで取り入れなかったのか、その理由がわからない。

(6)　本場所では安政 5 年 1 月に四色が導入され、その後はそれが定着している。土俵の東西南北は明治 42 年 6 月を境に変わっているが、四色自体は変わっていない。錦絵では柱の色によって東西南北を必ずしも判別できないが、それは絵師が絵の構図を考慮して描いているためである。

---

5)　文政 6 年 4 月の上覧相撲の模様を描いたとする絵図（相撲博物館所蔵）があり、それには四本柱が四色になっている。現在の四色と少し違うが、柱の色がそれぞれ異なることは確かだ。文政 13 年（1830）3 月の上覧相撲でも、文政 6 年 4 月の上覧相撲と同じように、四色が使われていたかもしれない。なぜなら天保 14 年（1843）9 月の上覧相撲の四本柱は四色だったからである。もし文政 13 年 3 月の上覧相撲で四本柱が四色でなかったなら、上覧相撲の柱の色は定まっていなかったことになる。文政 6 年 4 月の上覧相撲で四色だったことは絵図に基づいているが、文字資料ではその四色をまだ確認していない。なお、この絵図は土屋著『相撲』の口絵（12）にも掲載されている。

これから四本柱の色について資料を提示しながら、詳しく見ていくことにする。

2.　文字資料

『古今相撲大全』（宝暦 13 年〈1763〉）の「四本柱の相当」には四本柱の色について、次のような記述がある。

　　「四本柱は四季に標す。東は春にてその色青色、西は秋にて白色、南は夏にて赤色、北は冬にて黒色なれば、そのいろいろの絹を以て巻くを差別とす。御前相撲の風流なる物好きよりついに一様の色絹にて巻くようになりたり」

　四本柱の色は故実としてそれぞれの方位は青、赤、白、黒だったが、御前相撲の影響から一様の色絹で巻くようになったという。この「一様の色」が赤なのか、それとも紅白なのかはっきりしないが、私は赤だと解釈している。当時の絵図や安永の頃の錦絵を見ると、四本柱は一色の赤色である。勧進相撲では故実に従いもともとは四色だったのだが、御前相撲の影響を受けていつしか赤色で巻くようになったという。

　四本柱が四色だったという故実は、たとえば『相撲家伝鈔』（正徳 4 年〈1714〉）や『相撲伝秘書』（宝暦 5 年〈1756〉）の記述にも見られるが、その記述がなされたころ、実際の四本柱が四色だったかどうかは必ずしもはっきりしない。しかし、他の資料から正徳の頃にはすでに赤柱だったことがわかる。たとえば、享保 17 年（1732）6 月に京都で勧進相撲があり、南部相撲の方式に従い、四本柱を四色で巻いたが、その相撲を見て観客はこれまで見たことのない方式だったと噂し合っている。これに関しては、たとえば、酒井著『日本相撲史（上）』にも次のように述べられている。[6]

---

　6)　享保 17 年 6 月の合併興行と南部相撲については木梨雅子著『鶴の守り地に祈りは満ちて』（平成 16 年〈2004〉）の「エピローグ ― 一條兼香公、南部相撲の

　「（前略）長瀬の指図で四角土俵を造り、四柱に五色の布を巻き、屋形
　に鯱を上げる等、長瀬の方式を以て興行したので、京都の人々は驚異
　の感を抱いたという」（p.96）

　もし観客が四色や鯱を見慣れていたなら、「驚異の感」を抱くこともな
かったに違いない。『相撲家伝鈔』（正徳 4 年〈1714〉）は享保 17 年より
約 20 年前に世に出ているが、正徳の頃には四本柱はすでに赤一色だった
と判断しても間違いなさそうである。ただ残念なのは、正徳の頃の資料で
「四本柱は赤一色の布で巻いていた」ことを裏付ける証拠を提示できない
ことである。
　南部相撲の四色が出現した享保 17 年（1732）以降、『古今相撲大全』（宝
暦 13 年〈1763〉）までに四本柱が四色になったという資料はないし、『古
今相撲大全』には赤一色だと記述されていることから宝暦年間にはずっと
赤一色だったと判断してよい。『古今相撲大全』（宝暦 13 年〈1763〉）以
降であれば相撲書や錦絵もたくさんあり、安政 5 年 1 月まで四本柱は赤
色であったことが確認できる。天明以降には紅白柱も見られるが、赤色と
比べれば、非常に少ない。

流儀を認定」（pp.203-39）に詳しく説明されている。
7)　江戸時代は赤柱とともに紅白柱も天明以降にも見られるが、赤柱を代表として
　扱うことにする。赤柱が圧倒的に多いからである。明治時代の天覧相撲では赤柱
　よりも紅白柱が比較的多い。江戸時代の紅白柱の事例は後ほど示してある。
8)　この二枚の絵図は南部相撲の『相撲極伝之書』に掲載されている「追善相撲」
　と「神前相撲」の絵図とよく似ている。ただし、二枚の絵図には土俵が描かれて
　いないが、南部相撲の絵図には相撲の形態にかかわらず、どの相撲でも土俵があ
　る。生方次郎兵衛が岩井播磨流の相撲を受け継いだとしても、そのまま踏襲した
　のではなく、改革しながら発展させたに違いない。なお、南部相撲のカラー絵図
　は岩手県立博物館制作『四角い土俵とチカラビト』（p.33 ／ pp.36-7）に掲載され
　ている。南部相撲の四本柱は四色で、その色は現在の土俵と同じである。易の四
　時五行説を忠実に反映している。しかし、『南部絵巻物—陸奥の土風、』（小俣内
　東泉画、熊谷印刷出版部発行、1980）に掲載されている絵図（pp.58-61）では緑

3. 寛永8年10月の絵図

『相撲行司絵巻』という古書があり、それに二枚の絵図が掲載されている⁹⁾。本の末尾には「木瀬太郎太夫重正、岩井播磨掾久次、岩井播磨守清次押印」とあり、日付は「寛永八年拾月」となっている。

一枚の絵図には緑色、黄色、赤色、白色の四本柱が描かれている。四柱の上部には黄色の綱が一本張り巡らされ、その綱には三角形の紙垂らしいものが3個ずつ吊るされている。色も赤、黒、緑、黄、白である。四本柱の頂上は形状が異なり、異なる色になっている。

土俵の境を示すのは四本柱だけで、俵は置かれていない。すなわち、平地に四本柱が立ててあるだけである。四本柱の上に屋根はない。つまり、青天井である。2本の柱の頂上は尖った角状で、他の2本の柱の頂上は丸みを帯びた形状（宝珠）である。一つ一つの形や色にはそれぞれ何か意味がありそうだが、その意味は不明である。

本章の目的からすれば、四本柱の色だけで十分である。その四本柱は一本が黄色で、他の3本は緑色、黒色、赤色である。黄色は確かに四時五行説の一つだが、その方位は中央すなわち土俵そのものである。現在の黒色の代わりにこの絵図では黄色になっている。なぜ白色でなく、黄色になっているかはわからない。いずれにしても、寛永8年には四本柱が四色だったことがこの絵図で確認できる。

もう一枚の絵図には薄い茶色の屋根がある。頂上には四角の形状をしているものがあり、その上に少し濃い茶色い丸状のもの（宝珠）が置かれて

柱（または青柱）ではなく、黄柱になっている。同じ絵図は『四角い土俵とチカラビト』（p.33）にも縮小されて掲載されている。この黄柱は寛永8年10月の絵図だけでなく、文政6年4月の上覧相撲にも見られるが、その理由はわからない。易の四時五行説に基づけば、黄色は中央を表すからだろうか。

9) 本書『相撲行司絵巻』は『天理大学図書館善本叢書』72巻の2（八木書店、昭和61年）となっている。絵図の複写に関しては天理大学図書館にお世話になった。改めて感謝の意を表する。

いる。屋根の下と四本柱の境には橙色の水引幕が張り巡らされている。揚
巻はない。屋形を支えている四本柱は緑色、黄色、赤色、黒色である。も
う一枚の柱の色と完全には一致しない。もう一枚では白色だが、この絵図
では黒色になっている。なぜそのような色の違いがあるのかはわからない。
土俵周辺には土俵の境目を示す印はまったくない。四本柱が土俵の境目な
のかもしれない。一見すると、土俵の境目はあったが、それをあえて描い
ていないようにも見えるが、岩井流の方式でもともと境目を明確に示す土
俵の印はなかったかもしれない。

　本章の目的からすれば、四本柱に四色が描かれているかどうかである。
寛永8年10月日付の絵図には四本柱が四色だったことを確認できたので
ある。二つの絵図では一本の柱が異なる絵で描かれているが、四本柱がと
もに四色であることには変わりない。しかも黒色も白色も四時五行説に基
づいている。二つの絵図に黄色が描かれている理由があるはずだが、それ
はわからない。四時五行説に基づけば、黄色は中央の方位を表すはずであ
る。方位を表す色は当時でも現在でも同じなので、黄色の柱が描かれてい
る理由がわからないのである。もちろん、絵図ではどの色がどの方位を表
しているかは判別できない。

　二枚の絵図は同じ形態の相撲を描いたものではなく、異なる二つの相撲
の形態を描いたものに違いない。この絵図は岩井播磨流の土俵を描いたも
のである。これは絵巻の末尾に記載されている行司名からもわかる。南部
相撲の『相撲極伝之書』（延宝3-4年）にもこれと同じような土俵図があ
る。南部相撲は生方次郎兵衛によって寛永20年ごろに創出されているこ

---

10)　四本柱がいつ頃立てるようになり、その柱がいつ頃から四色で飾られるように
　　なったかは不明である。これに関してはいろいろな説が唱えられているが、本章
　　では寛永8年以前の柱や色については深く入らない。四本柱の起源については相
　　撲の歴史を扱っている本などで扱っているがその中の一つ、内館牧子著『女はな
　　ぜ土俵に上がれないのか』（pp.102-6）ではいくつかの説が紹介されている。

11)　南部相撲は相撲の種類によって土俵の形状が四角だったり円形だったりする。
　　土俵も一重、二重、三重というように三種類ある。四本柱の形状や色も相撲の種
　　類によって異なるし、屋根もあったりなかったりする。細かく見ていくと、複雑

とから、岩井播磨の弟子だった生方はその相撲方式を踏襲したに違いな
い。細部は勿論、改変されている。南部相撲は大正中期まで四角土俵で、
四本柱は四色だった。すなわち、南部相撲は寛永20年ごろの創出から大
正中期まで四色だったが、それ以前から四色は存在していた。生方次郎兵
衛は岩井播磨の弟子だったと言われることもあるが、それが事実かどうか
は別にして、岩井流の相撲様式を生方が取り入れ、発展させたことは間違
いないようだ。

4. 岩井播磨流以外の相撲の四本柱

寛永8年頃には岩井播磨流の四本柱は四色だったが、他の流派でも同じ

である。しかし、相撲の種類によって寛永8年の絵図と類似するものがあるのは
明らかだ。南部相撲が寛永8年の絵図にあるように、その方式を踏襲しているこ
とは間違いない。南部相撲の土俵図に関しては、『相撲極伝之書』（延宝3-4年）
を見ればわかるが、その解説をしているものには、たとえば舛岡・花坂共著『相
撲講本』の「南部相撲土俵の故実」、木梨雅子筆「南部相撲の方屋形状と故実」（『体
育史研究』第16号、1999）や「南部相撲行司家文書に見られる叡覧相撲式法」（『人
間文化研究科年報』第15号、1999）、拙著『大相撲の歴史に見る秘話とその検証』
の第8章「南部相撲の四角土俵と丸土俵」、岩手県立博物館制作『四角い土俵と
チカラビト』（平成18年〈2006〉）などがある。

12)　木梨雅子著『鶴の守る地に祈りは満ちて』（pp.11-2）や「南部相撲集団の形
成過程および活動について（寛永21年―元禄7年）」（『体育史研究』第23号、
2006）に基づけば、南部相撲は生方次郎兵衛により寛永21年（1644）に創出さ
れている。したがって、寛永8年10月の二枚絵は南部以外の地域の相撲の土俵
を描いていることになる。『相撲行司絵巻』の末尾の3名の筆者は木村播磨流で
あり、生方は岩井播磨守を師としている。生方は「相撲取り」の経歴も有してい
たらしい。岩井播磨守は京都の「伝説的行事（司）」（p.12）であることから、生
方は盛岡に招聘される前は京都方面の行司だったようだ。岩井播磨守は、木村守
直著『相撲伝書』（享保7年〈1722〉）で見るように、土俵無用論を唱えたことで
も有名である。『相撲行司絵巻』の二枚の絵で土俵が描かれていないのもそれが
影響しているのかもしれない。

だったかというと、どうもそうではないようだ[13]。では、四色でないとすると、何色だったのだろうか。流派を断定することは難しいが、延宝から正徳までの絵図を見ると、四本柱は赤色か紅白色である。絵図は白黒なので、色の判断は間違っているかもしれない。描き方から推測しているだけである。四本柱だけに的を絞り、それが描かれている出典をいくつか示す[14]。

(1)　「洛中洛外図屏風」、慶長年間（1596-1615）、堺市博物館制作『相撲の歴史』（p.17）。

(2)　「祇園社、四条河原図屏風」、寛永頃の作（1624-43）[15]、堺市博物館制作『相撲の歴史』（p.16）。

(3)　延宝 6 年（1678）、『古今役者物語』の「すまふのいひたて」の挿絵、竹内著『元禄人間模様』（190）。
　　　この物語は寛文年間（1661-73）の出来事を扱っていると言われる。柱は紅白かもしれない。

(4)　貞享 3 年（1688）、四角い土俵(大阪相撲)、井原西鶴著『本朝二十不幸』の挿絵、池田著『相撲の歴史』（p.97）。柱は紅白かもしれない。

(5)　宝暦年間、「大阪相撲土俵入図」、『古今相撲大全（下巻）』の挿絵[16]。

---

13)　その頃は行司の家がたくさんあったが、それぞれ独自の相撲様式や故実を備えていたようだ。すべての行司の家に統一された故実があったわけではない。そのため、岩井播磨流の行司の家は四本柱を四色にしていたが、他の行司の家はそのような故実を備えていなかったことも考えられる。吉田家もその一つだったかもしれない。

14)　寛文の頃までは四本柱が描かれていない絵図がいくつかあるが、そのような絵図は四本柱の色の判別には不適である。四本柱がいつ頃出現し、どのように普及していったかは必ずしもはっきりしない。岩井流では寛永 8 年にはすでに四本柱が出現しているが、寛文の頃にも四本柱や土俵が描かれていない絵図もある。地域によって四本柱や土俵の出現は異なっていたかもしれないので、いつ頃出現し、いつ頃統一されるようになったかは慎重に吟味しなければならない。

15)　土屋著『相撲』（p.252）では寛文年間（1661-73）頃と推定している。

16)　(5),(6),(7)は柱に縞模様の線が描かれているので、「赤」と判断した。「紅白」であれば、二色であることがわかるような描き方をしたはずだ。この判断は間違っ

(6)　宝暦6年（1756）、能見角氏著『すまふ評林』の挿絵。

(7)　宝暦6年（1756）、能見角氏著『すまふ評林』の挿絵。

　当時、四本柱がすでに確立しているわけでないので、参考までに、四本柱が描かれていない絵図もいくつか示しておく。中には土俵そのものが描かれていないものもある。

(1)「相撲遊楽図屏風」、慶長10年頃の作、堺市博物館制作『相撲の歴史』
　　（p.15）。
　　土俵も四本柱もない。平地の相撲である。
(2)「相撲絵馬」、延宝年間（1673-80）、堺市博物館制作『相撲の歴史』
　　（p.22）。
　　四本柱はない。この絵馬には土俵が描かれている[17]。
(3)延宝年間（1673-21）の相撲絵、池田著『相撲の歴史』（p.95）。
　　土俵はあるが、四本柱はない。
(4)「相撲之図」、伝菱川師宣画、1600年代後半、堺市博物館制作『相撲の歴史』（p.22）。
　　17世紀後半の作品。四本柱はない。
(5)「山神祭の図」、『日本山海名物図会巻之一』の挿絵。宝暦4年刊(1754)、
　　堺市博物館制作『相撲の歴史』（p.31）。
　　土俵はあるが、四本柱はない。

　柱の有無に関するかぎり、まだ統一されていない。当時、「行司の家」があったはずだが、土俵に四本柱を立てるという故実は確立していなかったかもしれない。四本柱を土俵に立てることが当たり前になったのは元禄期あたりかもしれない。元禄12年に京都の岡崎村で相撲が行われている

　　ている可能性もあることを記しておく。
17)　新田著『相撲の歴史』（p.205）では延宝年間に土俵があったとすることに疑問
　　を呈している。

168

が、それを記載した『大江俊光記』がある。その中に土俵の形状が詳しく述べられているが、その後は土俵に四本柱が立ててある。

慶長年間から宝暦年間に描かれた相撲の絵図では四本柱の四色は見られない。寛永 8 年の絵図では四色だし、南部相撲の『相撲極伝之書』（延宝 3-4 年）に見るように、南部相撲でも四色である。しかし、他の相撲では四色は見られない。これはなぜだろうか。その理由を述べてある資料は、残念ながら、見ていない。推測の域を出ないが、思い当たる理由を述べてみたい。

どの行司の家が最初に四本柱を四色にすることを打ち立てたかは不明だが、それを実施に移した「行司の家」は岩井播磨だったと推測する。先に提示した二枚の絵図はそれを反映したものである。当時は他にも多くの「行司の家」があったが、その故実の存在を知らなかったか、知っていたが実施に移さなかったかである。その行司の中にはのちに吉田司家となった「吉田家」も含まれていたに違いない。「行司の家」としても吉田家が四色

---

18)　この『大江俊光記』の相撲記録に関しては、竹内誠著『元禄人間模様』（pp.190-1）に簡明な紹介がある。なお、土俵の成立過程に関しては、たとえば土屋著『相撲』（pp.244-56）にも詳しく扱っている。

19)　土俵に四本柱が相撲にいつ頃立てられ、それがどのように普及したのかは必ずしも明らかでない。同じ頃に描かれた絵があり、四本柱があるものとそうでないものがある。関西地域や関東地域の相撲であっても一斉に四本柱を立てるという取り決めはなかったはずである。元禄 12 年の岡崎村で行われた相撲では四本柱を確認できるが、そのころまでは四本柱を立てることが定まっていなかったかもしれない。新田著『相撲の歴史』や土屋著『相撲』には土俵成立の変遷について言及しているが、普及の仕方についてはさらに吟味する必要があるかもしれない。参考までに記しておくと、川端要壽著『物語日本相撲史』（1993、pp.107-8）によれば、西鶴著『色里三所世帯』（元禄元年〈1688〉）の女相撲では四本柱があり、色は紅だったいう。これから推測すると、元禄以前から四本柱があり、それを赤布で巻いていたに違いない。女相撲は「男性の勧進相撲」を模しているはずで、元禄 12 年に行われた京都の勧進相撲でもその四本柱は赤色だったのかもしれない。少なくとも四色ではなかったはずだ。もう一つの可能性は紅白色だが、それは肯定も否定もできない。赤色も紅白色も慶事色であり、その選択基準が不明だからである。

を故実として備えていたなら、江戸相撲を傘下に収めた寛延2年（1749）だけでなく、その後にも四色にしたはずだからである。なぜ吉田司家や他の行司の家が故実通りに四色にしなかったかは不明である。その当時、特定の行司の家が故実を独占し、他の行司の家がそれを遠慮するような「決まり」はなかったはずだからである。

『相撲家伝鈔』（正徳4年）や『相撲伝秘書』（宝暦5年）には四本柱が四色であることに言及しているが、それを実施に移したという記述はない。その故実がいつ頃からあったかは不明である。寛永8年頃に四色が確認できることから、その当時には四色が故実になっていたはずだ。御前相撲の四本柱が赤だったことから、勧進相撲でもそれに倣って赤色を取り入れたのかもしれない。寛永8年の頃にはすでに故実の存在を認識していたが、それを御前相撲でも勧進相撲でも実施しなかったかもしれない。それを実施に移したのは岩井播磨の流れを組む「行司の家」だけだったようだ。それが安政5年1月まで続いたのである。

『相撲家伝鈔』（正徳4年）で以前は四色であると述べているのは、特定の行司の家にそういう故実があったということを記しているだけで、それを故実とした行司の家があったかもしれない。というのは、宝暦の頃までは行司の家はたくさんあり、それぞれの家が独自の故実を備えていたかもしれないからである。吉田家も行司の家だったが、四色を故実としていなかったのかもしれない。というのは、文政6年の天覧相撲になって初めて四色を導入しているからである。なぜ四色を導入したのかはわからない。推測になるが、以前四色を故実とする行司の家があったことから、それをたまたま導入したのかもしれない。

5. 上覧相撲の四本柱の色

吉田司家は安政5年1月場所に四色を取り入れている。実際は、文政6年4月の上覧相撲で四色を導入している。これは「上覧相撲の一件」の土俵を描いた図で確認できる。しかし、なぜその上覧相撲で四色を突然導入したのかは不明である。寛政以降の上覧相撲で四本柱がどのような色だっ

たかを少し見てみよう。

(1)　寛政 3 年（1791）6 月　　　　　　　紅紫二色。
　　　成島著『すまゐご覧の記』には次のような記述がある。[20] これは酒井
　　著『日本相撲史（上）』からの引用である。[21] 語句を少し変えてある。

　　　「四もとのはしらを構へ、そのはしらをくれないと、むらさきとのき
　　ぬにてつつみ、もとをばくれないの氈にてつつみそえ、(後略)」(p.175)

(2)　寛政 6 年（1794）3 月　　　　　　　紅紫二色。
　　　吉田長善編『ちから草』に「寛政六年甲寅六月、於浜御庭相撲上覧
　　一件」の記録があり、その中に「柱巻　但緋、紫紗綾　八筋」という
　　記述がある（p.80）。[22] これは寛政 3 年 6 月の上覧相撲の四本柱の色と
　　同じである。

(3)　享保 2 年（1802）12 月　　　　　　　不明。
　　　絵図にしても文字資料にしても、この上覧相撲の四本柱の色につい
　　て言及してあるものはまだ見ていない。

(4)　文政 6 年（1823）4 月　　　　　　　四色。

---

20)　成島著『すまゐご覧の記』は寛政の上覧相撲を扱っている書物ではよく見られ
　　る。

21)　この上覧相撲を描いたカラーの絵図（堺市博物館制作『相撲の歴史』、p.39）
　　では四本柱は紅白になっている。文字資料と絵図資料では色が一致しないが、文
　　字資料が事実を正しく表しているに違いない。概して、寛政 3 年 6 月の上覧相撲
　　の絵図（たとえば式守蝸牛著『相撲穏雲解』）は粗雑で、事実を正しく描いてい
　　ないことがある。絵図資料のみを重視すると、多くの場合、事実を間違って解釈
　　することになる。

22)　吉田長善編『ちから草』には寛政 3 年 6 月と 6 年 3 月の上覧相撲についてかな
　　り詳しい記述がある。しかし、他の上覧相撲についてはあまり言及されていない。

この上覧相撲の模様を描いたとする絵図には「文政6歳癸未四月三日吉祥日　於吹上拾三御門外御上覧之図画」とあり、図の描写も真実味がある。力士の取組や裁く行司などについても細かに記されている。『相撲上覧一件』（文政6年の記録）という文字資料では四本柱の色について記述されていないが、この上覧相撲の四本柱は四色だったと判断できる。しかし、四色の色は現在の色と少し異なる。

(5)　文政13年（1830）3月　　　　　　　　四色（推測）。[23]
　　文政6年4月と天保14年9月の上覧相撲で四色だったことから、その間に行われた上覧相撲では四色だったに違いないと推定しているが、それを実証する資料はまだ見ていない。この上覧相撲については断片的な文字資料はあるが、その中には四本柱の色について言及されていない。

(6)　天保14年（1843）9月　　　　　　　　四色。[24]
　　酒井著『日本相撲史（上）』には次のような記述がある。

「（前略）土俵は外を角にして内を丸くせし二重のものにして、柱は五色の絹を巻き、幕は緋ちりめんにて、（後略）」（p.314）

　　これは上覧相撲の模様を記した『遊芸園随筆』から掲載したもので

---

23)　この上覧相撲の四本柱の色はまだ確認していないが、四色だったと推測している。なぜなら文政6年4月と天保14年9月にそれぞれ四色だったからである。前後の上覧相撲で四色だったら、その間の四本柱の色は四色と推測するのが自然である。もし実際の色が他の色(たとえば赤色)だったなら、上覧相撲の色は定まっていなかったことになる。なぜそうなったのかを改めて調べなければならない。

24)　文献では五色となっているが、四本柱の四色と中央を表す「黄色」を加えたものと解釈している。要するに、現在の四本柱の四色と同じである。もしそれぞれの柱を五色の布で巻いたとしたら、新しい巻き方となる。易の四時五行説の方位を表す解釈と異なることにもなる。

あるという断り書きがある。[25]

(7)　嘉永 2 年（1849）4 月　　　　　　　不明。
　　　流れからすると四色だと推定しているが、そうでないかもしれない。
　　四本柱の色を確認する資料をまだ見ていない。

　上覧相撲では文政 6 年 4 月に四本柱に四色が導入されている。その上
覧相撲の四色が文政 13 年 3 月と天保 14 年 9 月の上覧相撲の四色とまっ
たく同じだったのか、それとも少し異なっていたかは不明である。[26] 文政 6
年 4 月の絵図を見るかぎり、赤柱、黄柱、青柱、紫柱になっている。黄柱
と紫柱は現在では見られない色である。たとえ紫柱が実際に黒柱を意図し
たものであったとしても、黄柱はやはり現在と異なる色である。易の四時
五行説によると、四方位は緑、赤、白、黒であり、黄色は中央を表すこと
になっている。興味深いことに、この黄色は寛永 8 年 10 月の二枚の絵図
にも四本柱の色として描かれている。安政 5 年 1 月の錦絵は勧進相撲の
土俵を描いているが、四本柱は緑、赤、白、黒である。なぜ上覧相撲で黄
色が柱の色として使われているかは不明だ。また、通常の相撲興行と上覧
相撲で、なぜ四色がまったく同じでないのか、わからない。いずれにして
も、文政 6 年 4 月の上覧相撲で四色が導入されたことは確かである。

---

25)　古河三樹著『江戸時代の大相撲』にも「四本柱には五色の絹を巻き、緋縮緬の
　　水引幕鮮やかに、（後略）」（p.348）とある。この記述は『角力旧記』からの掲載
　　であると記してある。私は『遊芸園随筆』（川路聖謨著）と『角力旧記』もまだ
　　見ていないが、事実を正しく描写していると判断して間違いない。なお、『相撲
　　上覧一件』（天保 14 年の記録）という文字資料には四本柱の色は言及されていな
　　い。
26)　吉田司家は五条家と相撲の権威を争っていたころはそれほど江戸相撲に影響力
　　はなかったという見方もありうるが、上覧相撲に関してはやはりかなり影響力が
　　あったはずだ。また、江戸相撲協会（当時）の責任者たちも吉田司家の顔色をう
　　かがっていたに違いない。格式を重んじる上覧相撲を吉田司家に相談することな
　　く実施したとは考えにくい。上覧相撲を行うには事前に細部にわたる準備をし、
　　それを幕府に書面で提出するようになっていたはずだ。

文政 6 年（1823）4 月の上覧相撲では四色を導入しているのに、勧進相撲では安政 5 年 1 月まで赤色だった。上覧相撲と勧進相撲を区別したのかもしれないが、なぜ安政 5 年 1 月になって四色を導入したのかはやはり不明である。吉田司家は四色としての故実を「行司の家」として最初から持っていなかったのではないか。南部相撲が四色だったので、ライバルの故実を導入するので遠慮していたのかもしれない。ところが、文政 6 年（1823）4 月の上覧相撲で導入してみると、南部相撲からクレイムがない。しばらく様子を見て、勧進相撲でも四色を導入したのかもしれない。それが安政 5 年 1 月だったということかもしれない。これは単なる推測である。実際は、他に確かな理由があるかもしれない。その際は、ここに記した推測は捨て去ればよい。それを強調しておきたい。

6. 安政 5 年 1 月以降の四本柱

　安政 5 年 1 月以降、勧進相撲の本場所では四色になっている[27]。四色を示す錦絵は多くの相撲書で見ることができる。例外としては安政 5 年 11 月の錦絵がある。

・安政 5 年 11 月、「勧進大相撲取組之図」（画題なし）、芳員画、『江戸
　相撲錦絵』（p.64）。
　　陣幕と不知火の取組。四本柱はすべて赤柱。

　この場所は興行中止になっていて、実際には行われていない。したがって、赤柱が例外であっても、錦絵それ自体が事実を描いていなことになる[28]。なぜ実際に行われなかった場所が錦絵になり、しかも四本柱が以前の

---

27)　香山筆「四本柱の色の変遷（下）」（p. 8）でも安政 5 年 1 月以降明治 24 年あたりまで四本柱は四色だったことが指摘されている。
28)　この錦絵については香山筆『四本柱の色の変遷（上）』（p.30）にも言及されている。

赤色になっているのか、不明である。1 月場所で四色になっていたことに
気づかず、従来の赤柱で描いたのかもしれないし、四色のことは気づいて
いたが一時的なものと解釈したのかもしれない。どういう理由で赤柱を描
いたかはやはり不明である。

　四本柱が四色だったのは本場所の場合であって、天覧相撲や寺社の相撲
では赤柱や紅白柱も見られる。ときには四色の柱も見られる。天覧相撲や
寺社の相撲で、なぜ異なる色柱になっているかは必ずしも明確ではない。
赤や紅白は慶事色だからかもしれないし、勧進相撲の本場所と区別するた
めだったからかもしれない。江戸時代の上覧相撲でも柱の色は一定してい
なかったので、天覧相撲で特別に赤や紅白を使用する理由にはならない。
安政 5 年以前は勧進相撲でも赤柱が圧倒的に多かった。明治以降に限定す
れば、「通常の」本場所と「特別な」相撲では柱の色を使い分けているが、
それも厳格ではないのである。今後、さらに深く調べれば、明確な理由が
わかるかもしれない。

7.　紅白色の柱

　安政 5 年 1 月に四本柱が四色になる前は、四本柱は圧倒的に赤色だっ
たので、説明の便宜上、赤で統一してきた。しかし、実際はわずかながら
紅白柱も見られるのである。その事例をいくつか示す。[29]

(1)　天明 2 年 10 月、「東方幕内土俵入りの図」、春章画、『相撲百年の歴史』
　　　（p.60）。
(2)　天明 3 年、「東西土俵入り図」、島根県立古代出雲歴史博物館編『ど
　　　すこい！—出雲と相撲』（p.35）、ハーベスト出版、平成 21 年。

---

29)　天明以前はほとんどの絵図そのものが白黒で描かれているので、柱の色を明確
　　に見分けることは難しい。特に黒色の場合、それが赤なのか、それとも他の色な
　　のか判別できないことがある。そのため、ここでは色が比較的容易に判別できる
　　ものを示してある。

(3)　天明 8 年 4 月、「幕内土俵入りの図」、春好画、『相撲百年の歴史』 (p.10)。
(4)　天明年間 (1781-89)、谷風と小野川の取組、春好画、酒井著『日本相撲史 (上)』(p.147)。
(5)　天明年間、「新版浮絵大相撲興行之図」、豊春画、『相撲百年の歴史』 (p.60)。
(6)　寛政 3 年、上覧相撲絵巻、堺市博物館制作『相撲の歴史』(p.39)。
(7)　享和元年、「相撲金剛伝」、島根県立古代出雲歴史博物館編『どすこい！―出雲と相撲』(p.34)、ハーベスト出版、平成 21 年。
(8)　文政 11 年 (1828) から 13 年、「阿武松横綱土俵入の図」、国貞画、学研『大相撲』(p.47)。
(9)　文政 12 年 (1829) から 13 年、「稲妻横綱土俵入の図」、国貞画、『相撲浮世絵』(p.73)。
(10)　文政 12 年 (1829) から 13 年、「横綱稲妻土俵入の図」、国貞画、学研『大相撲』(p.47)。
(11)　文政 13 年 9 月、伊弉諾神宮の奉納絵馬、学研『大相撲』(p.227)。この絵馬は錦絵や絵図と異なる。奉納者が四本柱を紅白と認識しているので、当時紅白柱があったものとして取り上げることにした。

　なぜ四本柱を赤や紅白にしたかははっきりしない。神道では二つとも慶事色だからと理解しているが、それが正しいかどうかはまだ確認していない。また、赤と紅白のうちで赤が強い慶事色なのかどうかも不明である。四色は易の四時五行説に基づいているが、赤や紅白は神道に基づいている。上覧相撲や天覧相撲では赤柱や紅白柱が圧倒的だが、それは相撲を慶事として捉えているからだろうか。四色が長い間取り入れられなかったのは、使用される色が易と係わりがあったからだろうか。その辺のことも吟味しなければならないが、これは私の知識をはるかに超えている。易や神道に精通している誰かが吟味すれば、もっと真実がわかってくるに違いない。

8.　今後の課題

　本章では寛永 8 年 10 月までには四本柱を四色にするという故実があっ
たとしているが、それがいつ頃創出されたかについては触れていない。ま
た、故実はあったが、それが寛永 8 年 10 月以降、相撲で生かされていた
かとなると、そうではないとしている。このように、問題があることを提
起しながら、未解決のままにしていることも事実である。今後の課題をい
くつか提示しておきたい。

(1)　なぜ四色が岩井播磨流の相撲以外には取り入れなかったのか。岩井
　　　播磨流が四色を取り入れる前に他の行司の家もその故実を知ってい
　　　た
なら、なぜそれを実施に移さなかったのだろうか。

(2)　『相撲家伝鈔』（正徳 4 年）には四色を故実としているが、当時、
　　　それを実施に移していない。そのようになったのはいつ頃からか。ま
　　　た、それはなぜなのか。

(3)　『古今相撲大全』（宝暦 13 年）には御前相撲に影響されて、四本
　　　柱は赤色になったと書いてあるが、御前相撲は最初から「赤色」だっ
　　　たのだろうか。勧進相撲では四色だったが、のちに赤色に変更したの
　　　だろうか。その変更は一挙になされたのだろうか、それとも徐々にな
　　　されたのだろうか。

(4)　御前相撲では圧倒的に赤柱が使われている。なぜ赤柱なのだろうか。
　　　慶事色だからだろうか。紅白色も例外的に使われることがある。なぜ
　　　だろうか。

(5)　吉田司家が江戸の行司「木村庄之助」を門人にしたのは寛延 2 年だ
　　　が、なぜ吉田司家は江戸相撲に四本柱を四色にしなかったのだろうか。
　　　吉田司家は四色の故実を有していたのだろうか。有していたが、あえ
　　　て江戸相撲に取り入れなかったのだろうか。

(6)　文政 6 年（1823）4 月の上覧相撲ではそれまでの上覧相撲と異なり、
　　　四色を取り入れている。その理由は何だろうか。また、勧進相撲では

安政5年1月に四色を取り入れているが、それまで従来通り四本柱は赤柱だった。なぜ赤柱を継続して使っていたのだろうか。

　四色の故実をめぐっては、もちろん、他にも解決したい問題があるにちがいない。そのような問題の解明は今後の研究にゆだねることにしたい。これらの課題は私の力をはるかに超えているからである。本章では十分な証拠を提示せず、推論で述べていることがたくさんある。間違った推論をしているかもしれない。今後の研究に期待したい。

参考文献

　主な文献のみを記す。雑誌、小冊子、新聞、錦絵、絵図などの出典は本文の中で記してある。

　　綾川五郎次、『一味清風』、学生相撲道場設立事務所、1914（大正3年）。

　　荒木精之、『相撲道と吉田司家』、相撲司会、1959(昭和34年)。

　　雷藤九郎・雷富右衛門（編）、『相撲鬼拳』、1761（宝暦11年）。

　　池田雅雄、『写真図説相撲百年の歴史』、講談社、1970（昭和45年）。

　　池田雅雄、『大相撲ものしり帖』、ベースボール・マガジン社、1990（平成2年）。

　　岩井左右馬、『相撲伝秘書』、1776（安永5年）。

　　岩井播磨掾久次・他（伝）、『相撲行司絵巻』、1631（寛永8年）。（天理大学善本叢
　　　　書の一つ）。

　　『江戸相撲錦絵』（『VANVAN相撲界』新春号、ベースボール・マガジン社、1986（昭
　　　　和61年））

　　内館牧子、『女はなぜ土俵にあがれないのか』、幻冬舎、2006（平成18年）。

　　大西秀胤（編）、『相撲沿革史』、編集発行・松田貞吉、1895（明治28年）。

　　大ノ里萬助、『相撲の話』、誠文堂、1930（昭和5年）。

　　岡敬孝（編著）、『古今相撲大要』、報行社、1885（明治18年）。

　　太田牛一、『信長公記』、1600（慶長5年）成立。

　　笠置山勝一、『相撲範典』、博文館内野球界、1942（昭和17年）。

　　笠置山勝一、『相撲』、旺文社、1950（昭和25年）。

　　風見明、『相撲、国技となる』、大修館書店、2002（平成14年）。

　　加藤隆世、『明治時代の大相撲』、国民体力協会、1942（昭和17年）。

　　金指基、『相撲大事典』、現代書館、2002（平成14年）。

　　上司延貴、『相撲新著』、博文館、1899（明治32年）。

　　金指基、『相撲大事典』、現代書館、2002（平成14年）。

　　川端要壽、『物語日本相撲史』、筑摩書房、1993（平成5年）。

　　木島雅子、『鶴の守地に祈りは満ちて』、発行・旧森岡藩士桑田、2004（平成16年）。

　　木村喜平次、『相撲家伝鈔』、1714（正徳4年）。

　　木村清九郎（編）、『今古実録相撲大全』、1885（明治18年）。木村政勝（編）、『古
　　　　今相撲大全』（宝暦13年〈1763〉）の現代語訳本。

木村庄之助（20代、松翁）、『国技勧進相撲』、言霊書房、1942（昭和17年）。

木村政勝、『古今相撲大全』、1763（宝暦13年）。

木村守直、『相撲伝書』、1722（享保7年）。

小泉三郎、『昭和相撲便覧』、野崎書房、1935（昭和10年）。

好華山人、『大相撲評判記』、大阪・川内屋長兵衛、1836（天保7年）。

堺市博物館（制作）、『相撲の歴史—堺・相撲展記念図録』、堺・相撲展実行委員会、
　　　1998（平成10年）3月。

酒井忠正、『日本相撲史』（上・中）、ベースボール・マガジン社、1956（昭和31年）
　　　／1964（昭和39年）。

塩入太輔（編）、『相撲秘鑑』、厳々堂、1886（明治19年）。

式守蝸牛、『相撲穏雲解』、1793（寛政5年）。

杉浦善三、『相撲鑑』、昇進堂、1911（明治44年）。

鈴木要吾、『相撲史観』、人文閣、1943（昭和18年）。

『相撲浮世絵』（別冊相撲夏季号）、ベースボール・マガジン社、1981（昭和56年）6月。

『相撲極伝之書』（南部相撲資料の一つ。他に『相撲故実伝記』、『相撲答問詳解抄』
　　　などもある）。

『相撲』編集部、『大相撲人物大事典』、ベースボール・マガジン社、2001（平成13年）。

『相撲・両国・国技館』、墨田区立図書館発行、1985（昭和60年）1月。

『図録「日本相撲史」総覧』（別冊歴史読本）、新人物往来社、1992（平成4年）。

竹内誠、『元禄人間模様』、角川書店、2000（平成12年）。

立川焉馬（撰）、『角觝詳説活金剛伝』（写本）、1828（文政11年）。

立川焉馬（序文）・歌川国貞画、『相撲櫓太鼓』、1844（天保15年）。

立川焉馬（作）、『当世相撲金剛伝』、1844（天保15年）。

土屋喜敬、『相撲』、法政大学出版局、2017年（平成29年）。

戸谷太一（編）、『大相撲』、学習研究社、1977（昭和52年）。（本書では「学研（発
　　　行）」として表す）。

成島峰雄、『すまゐご覧の記』、1791（寛政3年）。

『南部絵巻物—陸奥の土風』、小俣内東泉画、発行・熊谷印刷出版部、1980（昭和55年）。

南部相撲資料（『相撲極伝之書』、『相撲故実伝記』、『相撲答問詳解抄』など。他に
　　　相撲の古文書が数点ある）。

新田一郎、『相撲の歴史』、山川出版社、1994（平成6年）。

新田一郎、『相撲　その歴史と技法』、日本武道館、2016（平成28年）。

根間弘海、『ここまで知って大相撲通』、グラフ社、1998（平成10年）。

根間弘海著・岩淵デボラ訳、『Q & A 型式で相撲を知る SUMO キークエスチョン 258』、洋販出版、1998（平成 10 年）。

根間弘海『大相撲と歩んだ行司人生 51 年』、33 代木村庄之助と共著、英宝社、2006（平成 18 年）。

根間弘海、『大相撲行司の伝統と変化』、専修大学出版局、2010（平成 22 年）。

根間弘海、『大相撲行司の世界』、吉川弘文館、2011（平成 23 年）。

根間弘海、『大相撲行司の軍配房と土俵』、専修大学出版局、2012（平成 24 年）。

根間弘海、『大相撲の歴史に見る秘話とその検証』、専修大学出版局、2013（平成 25 年）。

根間弘海、『大相撲行司の房色と賞罰』、専修大学出版局、2016（平成 28 年）。

根間弘海、『大相撲行司の軍配と空位』、専修大学出版局、2017（平成 29 年）。

根間弘海、『大相撲立行司の名跡と総紫房』、2018（平成 30 年）。

根間弘海、『詳しくなる大相撲』、専修大学出版局、2020（令和 2 年）。

半渓散史（別名・岡本敬之助→純）、『相撲宝鑑』、魁真書桜、1894（明治 27 年）。

肥後相撲協会（編）、『本朝相撲之吉田司家』、1913（大正 2 年）。

彦山光三、『土俵場規範』、生活社、1938（昭和 13 年）。

彦山光三、『相撲読本』、河出書房、1952（昭和 27 年）。

常陸山谷右衛門、『相撲大鑑』、常陸山会、1914（大正 3 年）。

ビックフォード、ローレンス、『相撲と浮世絵の世界』、講談社インターナショナル、1994（平成 6 年）。英語の書名は SUMO and the Woodblock Print Masters（by Lawrence Bickford）である。

古河三樹、『江戸時代の大相撲』、国民体育大会、1942（昭和 17 年）。

古河三樹、『江戸時代大相撲』、雄山閣、1968（昭和 43 年）。

枡岡智・花坂吉兵衛、『相撲講本』（復刻版）、誠信出版社、1978（昭和 53 年）／オリジナル版は 1935（昭和 10 年）。

松木平吉、『角觝秘事解』、松壽堂、1884（明治 17 年）。

松木平吉（編）、『角觝金剛伝』、大黒屋、1885（明治 18 年）。

三木愛花、『相撲史伝』、発行人・伊藤忠治、発売元・曙光社、1901（明治 34 年）／『増補訂正日本角力史』、吉川弘文館、1909（明治 42 年）。

三木貞一・山田伊之助（編）、『相撲大観』、博文館、1902（明治 35 年）。

水谷武（編）、出羽海谷右衛門（述）、『最近相撲図解』、岡崎屋書店、1918（大正 7 年）。

山口県立萩美術館・浦上記念館（編）、『相撲絵展』、1998（平成 10 年）。

山田伊之助（編）、『相撲大全』、服部書店、1901（明治 34 年）。

雪の家漁叟記、『木村瀬平』、清和堂製、1898（明治 31 年）。（著者は鎗田徳之助の
　　筆名）。

吉田追風、『ちから草』、吉田司家、1967（昭和 42 年）。

吉田長善（編）、『ちから草』、吉田司家、1967（昭和 42 年）。

吉田長孝、『原点に還れ』、熊本出版文化会館、2010（平成 22 年）。

吉野裕子、『陰陽五行と日本の民俗』、人文書院、1983（昭和 58 年）。

あとがき

　本書は専修大学の『専修人文論集』に掲載した3篇（第1章、第2章、第3章）と未発表の4篇で構成されている。未発表の論考もその論集に掲載するために執筆してあった。7篇の中には自宅で毎月一回開催される大相撲談話会で発表したものもある。談話会の相撲談義は相撲の研究を続けていくのに大きな励みとなっている。このような本を出版できたのも談話会のおかげであると言っても過言ではない。

　私は大相撲全般に関心を抱いているが、その中でも特に行司に焦点を当てて研究してきた。今回は行司に加えて、土俵の飾り物である四本柱の色の変遷や小結格相撲の勝者に授与される扇子や矢の変遷も調べてある。調べた結果をまとめて本書に掲載してあるが、内容的には何か物足りなさがある。本書の論考がきっかけとなり、今後さらに研究が進むことを期待している。

　各章の末尾には論考で深く触れられなかった課題が示唆されている。これをヒントにさらに掘り下げれば、新しい知見が出てくるかもしれない。研究している最中には資料が見つからなかったが、あとで重要な意味を持つ資料が見つかることもある。たとえば、何かの起源の年月を特定したにもかかわらず、それをさかのぼる年月が見つかることがある。以前の論考で提示したことを修正しなければならないことは過去の出来事を研究しているとときどきあることだ。この場合は潔く修正に応じなければならい。

　本書の論考を離れて、行司の研究をしていながら、これまで手をつけずにいたものをいくつか記しておきたい。

（1）　木村喜平次著『相撲家伝鈔』（正徳4年）に「無官の行司は真紅なり。摂州大坂吉方兵庫などの如く官位成りの行司は紫を用いる也」とある。この「官位」はどの位階だったのだろうか、またこの行司はなぜその

ような官位を授与されたのだろうか。さらに、当時としては最高の色であり、かつ禁色である「紫房」を授与されている。他の行司と何が変わっていたのだろうか。有名な行司だったことは文献でも指摘されているが、官位を授与されるには特別の功績があったはずだ。それがはっきりしないのである。文献で見る限り、紫房を許された二番目の行司である。もちろん、一番目は吉田追風である。

(2)　古河三樹著『江戸時代の大相撲』（昭和 17 年、p.324）に大阪相撲の行司・木村玉之助に授与された免許状（文化 5 年 9 月付）があり、「紫紐」の授与が記されている。そうであれば、江戸相撲の木村庄之助より先に紫房が授与されたことになる。木村玉之助は大阪相撲の立行司であることから、私はこの免許状について言及してこなかったが、紫房の授与という観点から貴重な資料であることは間違いない。この免許状は本物だろうか。江戸相撲の木村庄之助よりも大阪相撲の木村玉之助が高く評価されている証拠なのだろうか。この免許状がどういう意味を持つかは詳しく調べる必要がある。

(3)　『角觝詳説活金剛伝』（永壽堂版、文政 11 年）の木村庄之助の項に「無字団扇紫内交之紐上草履免許」とある。私はこの「紫内交」を「紫白内交」の誤植だと解釈してきたが、それは正しいだろうか。「内交」とあることから、他の色と交ぜるはずである。その後の房色の進展を考慮し、それは「白」に違いないと判断している。その判断は正しいだろうか。もしかすると、「白」ではなく「紅」ということはないだろうか。吉田司家の資料には、「紫」と「紅」をともに使用していることがある。たとえば、寛政 3 年 6 月の上覧相撲では四本柱の色は「紫」と「紅」の段だら模様だった。

(4)　明治 10 年初期には立行司だけでなく、三役行司も帯刀していた。その帯刀は誰が許可したのだろうか。三役行司や立行司は江戸時代も帯刀していたが、全員帯刀していたのだろうか、それとも大名に抱え

られた行司だけだったのだろうか。吉田長孝著『原点に還れ』（p.142）には「立行司としての帯刀は吉田追風の直門人としての権威を保つためのもの」と書いてあるが、それは本当だろうか。現在は立行司が差し違えで切腹する覚悟を表すシンボルとして帯刀をとらえているが、いつ頃からそういう解釈をされるようになったのだろうか。私は17代木村庄之助の辞職後に顕著になったと推測しているが、その推測は正しいのだろうか。それともそれ以前から立行司の帯刀は切腹の覚悟としてのシンボルだったのだろうか。三役行司の帯刀は立行司の帯刀とその意味が違っていたのだろうか。違いはなかったというのが私の立場だが、それは正しいのだろうか。立行司の帯刀や三役行司の帯刀はその許可とともに何のシンボルなのかも調べる必要があるかもしれない。

(5) 明治43年6月に行司の装束改正があり、その際、立行司の長い脇差しと異なるが、十両も短刀を差すことが許された。これは当時の新聞などで確認できる。ところが、その後、何年もしないうちに十両は刀を差さなくなった。それがいつなのか、今のところ不明である。文献ではその権利をいつから放棄したのか確認できない。大正半ばの相撲雑誌などでは当時も十両の帯刀を記述しているものもあるが、それを否定しているようなものもある。どれが真実だろうか。十両が帯刀しなくなった年月は、それを記述してある資料さえ見つかれば、簡単に解決するはずだ。残念ながら、そういう資料がまだ見つからない。

(6) 行司の青白と幕下以下行司の黒房がいつ出現したのかを特定できない。青白房は江戸末期ではないかと推測しているが、それがいつなのかがはっきりしない。青白房は力士の十両に対応しているはずだが、その十両がいつ出現したかが特定できない。それがわかれば、ある程度その年月を絞り込むことができる。これは資料を丹念に調べれば、いずれわかるような気がする。黒房は最下位の色なので、ずっと以前から存在していたと思っていたが、それは間違った思い込みかもしれ

ない。立行司を除けば、軍配房は階級に関係なく「赤」（朱）だった
かもしれないのである。紅白房は文政 11 年に出現したことがわかっ
ているので、その頃から階級によって房色が区別されるようになった
のかもしれない。いずれにしろ、青白と黒の出現を特定できる資料は
どこかに静かに寝ているような気がしてならない。遠い昔の資料では
ないからである。

　このように、長年行司の研究を重ねているにもかかわらず、簡単にわか
りそうなものが意外とわからないものがある。それは嘆かわしいことだが、
必要な資料が見つからなければ簡単には解決できない。ここに記した問題
は資料さえ見つかれば簡単に解決できそうなので、いずれ誰かが解決して
くれるに違いない。そう期待している。
　私は行司以外の相撲にも興味を抱いていたが、力士関連のテーマを掲げ
て研究することはなかった。行司のことを調べるだけで精一杯だったから
である。これまで行司に関する論考をいくつか発表したが、中には内容的
に問題があるものもいくつかある。気づいていながら、そのままにしてあ
る。これは誰かがそのうち批判するに違いない。それを私は大いに期待し
ている。批判をしながら、行司の研究がさらに進展すればよい。行司に関
連することではまだまだ解明すべきことがたくさんある。

拙著と拙稿

　相撲関係の拙著や拙稿は公的機関を通せば、比較的簡単に入手できる。拙稿はほとん
ど、拙著に中に組み入れてある。参考までに、英語関係の拙著と拙稿は『専修経営学論
集（根間弘海教授　退職記念論集）』第 96 号（平成 25 年〈2013〉3 月）に掲載されている。

【拙　著】

(1)　1998、『ここまで知って大相撲通』、グラフ社、237 頁。

(2)　1998、『Q&A 形式で相撲を知る SUMO キークエスチョン 258』（岩淵デボラ訳）、
　　　洋販出版、205 頁。

(3)　2006、『大相撲と歩んだ行司人生 51 年』、33 代木村庄之助と共著、英宝社、179 頁。

(4)　2010、『大相撲行司の伝統と変化』、専修大学出版局、368 頁。

(5)　2011、『大相撲行司の世界』、吉川弘文館、193 頁。

(6)　2012、『大相撲行司の軍配房と土俵』、専修大学出版局、300 頁。

(7)　2013、『大相撲の歴史に見る秘話とその検証』、専修大学出版局、283 頁。

(8)　2016、『大相撲行司の房色と賞罰』、専修大学出版局、193 頁。

(9)　2017、『大相撲立行司の軍配と空位』、専修大学出版局、243 頁。

(10)　2018、『大相撲立行司の名跡と総紫房』、専修大学出版局、220 頁。

(11)　2020、『詳しくなる大相撲』、専修大学出版局、312 頁。

【拙　稿】

(1)　2003、「相撲の軍配」『専修大学人文科学年報』第 33 号、pp.91-123。

(2)　2003、「行司の作法」『専修人文論集』第 73 号、pp.281-310。

(3)　2003、「行司の触れごと」『専修大学人文科学研究所月報』第 207 号、
　　　pp.18-41。

(4)　2004、「土俵祭の作法」『専修人文論集』第 74 号、pp.115-41。

(5)　2004、「行司の改姓」『専修大学人文科学研究所月報』第 211 号、pp.9-35。

(6)　2004、「土俵祭の祝詞と神々」『専修人文論集』第 75 号、pp.149-77。

(7)　2005、「由緒ある行司名」『専修人文論集』第 76 号、pp.67-96。

(8)　2005、「土俵入りの太刀持ちと行司」『専修経営学論集』第 80 号、pp.169-203。

(9)　2005、「行司の改名」『専修大学人文科学研究所月報』第 218 号、pp.39-63。

(10)　2005、「軍配の握り方を巡って（上）」『相撲趣味』第 146 号、pp.42-53。

(11) 2005、「軍配の握り方を巡って（中）」『相撲趣味』第 147 号、pp.13-21。

(12) 2005、「軍配房の長さ」『専修人文論集』第 77 号、pp.269-96。

(13) 2005、「軍配房の色」『専修経営学論集』第 81 号、pp.149-79。

(14) 2005、「四本柱の色」『専修経営学論集』第 81 号、pp.103-47。

(15) 2005、「軍配の握り方を巡って（下）」『相撲趣味』第 148 号、pp.32-51。

(16) 2006、「南部相撲の四角土俵と丸土俵」『専修経営学論集』第 82 号、pp.131-62。

(17) 2006、「軍配の型」『専修経営学論集』第 82 号、pp.163-201。

(18) 2006、「譲り団扇」『専修大学人文科学研究所月報』第 233 号、pp.39-65。

(19) 2006、「天正 8 年の相撲由来記」『相撲趣味』第 149 号、pp.14-33。

(20) 2006、「土俵の構築」『専修人文論集』第 79 号、pp.29-54。

(21) 2006、「土俵の揚巻」『専修経営学論集』第 83 号、pp.245-76。

(22) 2007、「幕下格以下行司の階級色」『専修経営学論集』第 84 号、pp.219-40。

(23) 2007、「行司と草履」『専修経営学論集』第 84 号、pp.185-218。

(24) 2007、「謎の絵は南部相撲ではない」『専修人文論集』第 80 号、pp.1-30。

(25) 2007、「立行司の階級色」『専修人文論集』第 81 号、pp.67-97。

(26) 2007、「座布団投げ」『専修経営学論集』第 85 号、pp.79-106。

(27) 2007、「緋房と草履」『専修経営学論集』第 85 号、pp.43-78。

(28) 2008、「行司の黒星と規定」『専修人文論集』第 82 号、pp.155-80。

(29) 2008、「土俵の屋根」『専修経営学論集』第 86 号、pp.89-130。

(30) 2008、「明治 43 年 5 月以降の紫と紫白」『専修人文論集』第 83 号、pp.259-96。

(31) 2008、「明治 43 年以前の紫房は紫白だった」『専修経営学論集』第 87 号、pp.77-126。

(32) 2009、「昭和初期の番付と行司」『専修経営学論集』第 88 号、pp.123-57。

(33) 2009、「行司の帯刀」『専修人文論集』第 84 号、pp.283-313。

(34) 2009、「番付の行司」『専修大学人文科学年報』第 39 号、pp.137-62。

(35) 2009、「帯刀は切腹覚悟のシンボルではない」『専修人文論集』第 85 号、pp.117-51。

(36) 2009、「明治 30 年以降の番付と房の色」『専修経営学論集』第 89 号、pp.51-106。

(37) 2010、「大正時代の番付と房の色」『専修経営学論集』第 90 号、pp.207-58。

(38) 2010、「明治の立行司の席順」『専修経営学論集』第 92 号、pp.31-51。

(39) 2010、「改名した行司に聞く」『専修大学人文科学年報』第 40 号、pp.181-211。

(40) 2010、「立行司も明治 11 年には帯刀しなかった」『専修人文論集』第 87 号、pp.99-134。

(41) 2010、「草履の朱房行司と無草履の朱房行司」『専修経営学論集』第 91 号、pp.23-51。

(42) 2010、「上覧相撲の横綱土俵入りと行司の着用具」『専修経営学論集』第 91 号、pp.53-69。

(43) 2011、「天覧相撲と土俵入り」『専修人文論集』第 88 号、pp.229-64。

(44) 2011、「明治時代の四本柱の四色」『専修大学人文科学年報』第 41 号、pp.143-73。

(45) 2011、「行司の木村姓と式守姓の名乗り」『専修人文論集』第 89 号、pp.131-58。

(46) 2011、「現役行司の入門アンケート調査」『専修経営学論集』第 91 号、pp.1-28。

(47) 2012、「土俵三周の太鼓と触れ太鼓」『専修人文論集』第 90 号、pp.377-408。

(48) 2012、「明治と大正時代の立行司とその昇格年月」『専修大学人文科学年報』第 42 号、pp.123-52。

(49) 2012、「大正期の立行司を巡って」『専修経営学論集』第 94 号、pp.31-51。

(50) 2012、「大正末期の三名の朱房行司」『専修人文論集』第 91 号、pp.143-74。

(51) 2013、「江戸時代の行司の紫房と草履」『専修大学人文科学年報』第 43 号、pp.171-91。

(52) 2013、「足袋行司の出現と定着」『専修人文論集』第 92 号、pp.165-96。

(53) 2013、「十両以上の行司の軍配」『専修経営学論集』第 96 号、pp.49-69。

(54) 2015、「軍配左端支えと軍配房振り」『専修人文論集』第 97 号、pp.510-32。

(55) 2016、「紫房の異種」『専修人文論集』第 99 号、pp.479-515。

(56) 2017、「総紫房の出現」『専修人文論集』第 101 号、pp.201-24。

(57) 2018、「地位としての草履の出現」『専修人文論集』第 103 号、pp.301-22。

(58) 2019、「地位としての足袋の出現」『専修人文論集』第 104 号、195-214。

(59) 2019、「大相撲の松翁」『専修人文論集』第 105 号、pp.334-63。

索　引

根間 弘海（ねま ひろみ）

　昭和 18 年生まれ。専修大学名誉教授。専門は英語音声学・音韻論・英語教授法。趣味は相撲（特に行司）とユダヤ教の研究。英語テキストと相撲に関する著書を含め、本書で 95 冊目となる。

(a) 相撲では『ここまで知って大相撲通』（グラフ社）、『SUMO キークエスチョン 258』（岩淵デボラ英訳、洋販出版）、『大相撲と歩んだ行司人生 51 年』（33 代木村庄之助共著、英宝社）、『大相撲行司の世界』（吉川弘文館）、『大相撲行司の伝統と変化』、『大相撲行司の軍配房と土俵』、『大相撲の歴史に見る秘話とその検証』、『大相撲行司の房色と賞罰』、『大相撲立行司の軍配と空位』、『大相撲立行司の名跡と総紫房』、『詳しくなる大相撲』（専修大学出版局）がある。

(b) 英語では『英語の発音練習』（大修館書店）、『英語のリズムと発音の理論』（英宝社）、『英語の発音とリズム』（開拓社）、『英語はリズムだ！』、『リズムに乗せれば英語は話せる』（ブレーブン・スマイリー共著、創元社）、『こうすれば通じる英語の発音』（ブレーブン・スマイリー共著、ジャパンタイムズ）などがある。

大相撲行司の松翁と四本柱の四色

2020 年 10 月 12 日　第 1 版第 1 刷

著　者　　根間　弘海

発行者　　上原　伸二

発行所　　専修大学出版局

　　　　　〒 101-0051　東京都千代田区神田神保町 3-10-3

　　　　　株式会社専大センチュリー内　電話 03-3263-4230

印　刷　　モリモト印刷株式会社
製　本

ISBN978-4-88125-353-3

◎専修大学出版局の本◎

詳しくなる大相撲	根間弘海	2,800 円
大相撲立行司の名跡と総紫房	根間弘海	2,600 円
大相撲立行司の軍配と空位	根間弘海	2,600 円
大相撲行司の房色と賞罰	根間弘海	2,600 円
大相撲の歴史に見る秘話とその検証	根間弘海	品 切
大相撲行司の軍配房と土俵	根間弘海	3,200 円
大相撲行司の伝統と変化	根間弘海	3,600 円

※価格は本体